22ᵉ Régiment de Mobiles.
de la Dordogne.

Quelques lettres.
de l'armée de la Loire.

À ma femme.

Bergerac, 21 Septembre 1870.

Ma chère amie,

Le télégramme suivant est arrivé à 4 heures :

« Général à Commandant, — Tenez-vous prêt à partir
« pour aller, avec les autres bataillons, rejoindre
« la division dont vous faites partie. »

Quelle est cette division ? Où est-elle ? On l'i-
gnore ici.

Comme nous avons plus de 2.000 hommes, et
qu'il n'en faut que 180 par Compagnie, cadres compris,
nous allons faire un triage, mais dans quelles
conditions partons-nous ! Rien n'est changé quant

aux vêtements et aux fusils. Les hommes sont
radieux néanmoins.

On parle d'une dépêche imprimée à Bordeaux
disant qu'un général aurait tué 15.000 Prussiens près
d'Orléans. Sous toutes réserves.

Le jour de notre départ est fixé, dit-on, à dimanche,
25. J'irai vous embrasser demain ou après demain.

Tout à vous

A ma femme.

Périgueux, 26 Septembre.

Ma Chère Eugénie,
Le 3ᵉ bataillon, commandant Marty, est parti
hier pour Tours; le 2ᵉ, commandant de Nattes, part
ce soir pour la même destination, et c'est à Sᵗᵉ Maure,
à quelques lieues de Tours, que nous irons demain.
Nous recevrons là des chassepots.

Quelques uns de nos hommes vont être habillés
et chaussés ici; les plus misérables recevront une chemise,
enfin, ça va un peu mieux.

Hier, à Mussidan, j'ai vu passer le bataillon

Carayon. Latour se rendant à Lyon.

Aussitôt arrivé à St. Maure, vous aurez de mes nouvelles et vous n'en manquerez jamais.

Affectueusement à vous.

4 heures.

Je viens d'assister à la bénédiction du drapeau confié au 2e bataillon. Touchante cérémonie. L'Évêque a parlé.

Le bataillon part, tout Périgueux est là.

A mon père.

Tours, 29 Septembre.

Mon cher père,

Nous sommes arrivés ici hier, à midi, au lieu de nous arrêter à St. Maure, comme on l'avait dit. Le 2e bataillon s'y est arrêté, et est allé à Loches. Le 3e est à Amboise.

Nous avons des chassepots. Les compagnies de notre bataillon vont être cantonnées aux environs. La mienne ira demain à Beaumont-la-Ronce, à 20 kilomètres de Tours, et les autres seront à ma gauche; la 2e à Neuillé-Pont-Pierre, la 3e à Château-la-Vallière, etc.

Maître Chassepot augmente l'ardeur et la valeur de nos hommes.

Il y a ici et partout un désordre inouï.

Je vous dirai tout doucement que l'armée n'est pas brillante. Enfin, c'est triste à dire, mais aujourd'hui la meilleure armée, la mieux disciplinée, c'est la mobile.

De l'avis de tout le monde, notre bataillon et un d'Ille-et-Vilaine sont les mieux qu'on ait vus à Tours.

On a dit hier que les Prussiens, avec le prince Albert, étaient entrés à Orléans, mais le soir on a dit qu'ils étaient revenus vers Paris, où ils avaient éprouvé des échecs sérieux, sous le Mont-Valérien.

Un monsieur arrivé de Paris, en ballon, en donne d'excellentes nouvelles.

Beaucoup de troupes sont entre Tours et Orléans.

Nous partîmes de Périgueux à 5 heures du soir. Le général Tatareau, nos cousines et tous nos amis étaient à la gare. Il n'y eut aucune démonstration bruyante, mais des adieux touchants

Adieu, mon cher père, donnez de mes nouvelles à Montbrun et à Bayac.

Tout à vous, bien respectueusement

A ma Sœur.

———

Beaumont-La-Ronce, 4 Octobre.

Ma Chère Marie,

Ta lettre, que je viens de recevoir, est la première qui m'arrive du Périgord.

J'ai été favorisé en ayant Beaumont pour cantonnement. C'est un joli bourg avec un beau château. A mon arrivée, monsieur le marquis de Beaumont vint fort gracieusement me réclamer, et je reçois chez lui la plus aimable hospitalité.

Mon service m'empêche de déjeuner au château, mais j'y dîne. Presque toujours du monde. Il y a, en ce moment, Madame d'Imécourt, de Versailles, et sa fille, Madame de Kerdrel, qui connaissent quelques Boysson. La maréchale Bazaine, qui est à Tours, doit venir dîner un de ces jours.

Ma vie est des mieux remplies. Exercice, tir, reconnaissances, organisation des cuisines; en voilà assez pour n'avoir pas le temps de s'ennuyer, surtout quand on a affaire à des conscrits, et que soi-même on n'est pas un vieux militaire.

Je n'ai pas de nouvelles aujourd'hui.

On rencontre partout des vedettes du 5ᵉ hussard.

J'écrirai souvent, écrivez-moi aussi.

Béler est à Luynes.

Amitiés à tout le monde

A. G. du Chaylard.

———

Beaumont-La-Ronce, 5 Octobre.

Mon cher Georges,

Votre lettre m'arrive aujourd'hui. De St Maure, elle est allée à Loches trouver le bataillon de Nattes.

D'après ce que je lis dans votre lettre, je viens vous soumettre une idée. Notre mission n'est pas près de finir, et nous manquons d'officiers; je n'ai plus Dusoulas, il est à la 2ᵉ Compagnie; nous avons laissé au dépôt, à Périgueux, plus de 2.000 hommes avec lesquels on va créer un 4ᵉ bataillon dont monsieur Bugeaud sera commandant. Ne pourriez-vous pas faire une nouvelle tentative?

Voyez et réfléchissez.

Malgré mon rapprochement du gouvernement et des Prussiens, je n'en sais pas plus long que vous. J'ai si peu de temps à moi que c'est en courant que je jette les yeux sur un journal. Si je n'avais pas autant de besogne, ma position serait des plus agréables. Ici, nous sommes seuls ; c'est le joli côté de la médaille ; mais il y a un revers que vous ne voyez pas, la responsabilité de 180 hommes.

Ma compagnie est toujours très bien ; tout le monde, et surtout le château, me complimente.

Le commandant est à Neuillé, à 10 kilomètres ; j'ai eu sa visite, il a été enchanté.

Mille remerciements, mon cher ami, pour les offres que vous me renouvelez.

Je fis jeudi, à Tours, une visite chez monsieur Roze. Votre ami va goûter d'ici à peu de temps les douceurs de la paternité. Je ne vis que son père, fort aimable homme.

Mes meilleures amitiés à votre beau-père et à Élia.

Bien à vous

À ma femme.

Beaumont-La-Ronce, 7 octobre.

Ma chère Eugénie,

J'ai reçu votre lettre qui m'a fait grand plaisir.

Nous allons entrer en campagne, aussi nous venons

d'acheter, les officiers des 1er et 2e compagnies, une petite voiture et un cheval pour nos bagages.

Je vous dirai que je quitte Beaumont demain matin. C'est à mon très grand regret. J'avais beaucoup travaillé pour l'installation de mes hommes, et je suis fort ennuyé de recommencer. D'un autre côté, la famille de Beaumont est des plus agréables et charmante pour moi, et c'est au moment où je commençais à être bien à l'aise qu'il faut que je la quitte. C'est à Rouzilly que nous allons, à 8 kilomètres de Beaumont, dans la direction d'Amboise. La 2e compagnie vient me remplacer à Beaumont.

Comme il est très probable que les Prussiens voudront venir à Tours, on masse des troupes près de Vendôme.

Envoyez-moi sans retard ma tente et ses accessoires. Priez Emmanuel de vous aider à l'emballer, et adressez-la moi à Tours, chez madame Jalbert, 5, rue St. Étienne. La gare de Tours est tellement encombrée que je serais sûr de la perdre, si je ne prenais cette précaution.

On annonce officiellement aujourd'hui des avantages de nos armes à Pithiviers.

Un ballon, venant probablement de Paris, a été vu hier soir opérant sa descente près de Tours. A demain les nouvelles.

J'ai reçu une lettre de Marie que j'embrasse ainsi que vous tous.

A ma Sœur.

Nouzilly, 8 Octobre.

Ma chère Marie,

Me voilà à Nouzilly dans une charmante habitation, près du village, chez un consul général, monsieur Oury, dont la famille est excellente, et où tout le monde a beaucoup d'attentions pour moi.

On a eu des nouvelles de Metz par un ballon parti le 23 Septembre. La maréchale Bazaine n'a pas eu de nouvelles du maréchal depuis le 23 août, à moins que le ballon d'hier ne lui en ait apporté.

Gambetta est parti de Paris en ballon et descendu à Amiens ; on l'attendait hier à Tours. On dit que les élections n'auront pas lieu. Les Prussiens n'avancent pas, au contraire.

Dans ce pays-ci, on est moins pessimiste qu'en Périgord, d'après ce que je vois dans vos lettres.

Si je vais à Tours, je t'enverrai une carte

d'Indre et Loire.

Adieu, ma chère sœur, je t'embrasse et n'oublie personne.

A mon père.

Tours, 11 Octobre.

Mon cher père,

Je suis venu à Tours pour quelques emplettes.

Les nouvelles de Paris sont bonnes. Un prince prussien, dont on ne dit pas le nom, aurait été blessé de deux balles dans le parc de St Cloud. Les paysans de la Lorraine se soulèvent. On va appeler l'armée de la Loire sous Paris. Pourvu qu'on leur donne ce qu'il faut, nos mobiles marcheront bien.

Vous devez savoir que Gambetta est ici. La ville de Tours est encombrée de militaires. Les francs-tireurs se font remarquer par leurs fanfares; espérons qu'ils se feront remarquer aussi sur les champs de bataille.

Garibaldi part pour les Vosges avec 15.000 de ses amis qu'il fait venir d'Italie; ceci est triste. On préfère encore Gambetta à ces vieux casques de Crémieux et Glais-Bizoin.

Adieu, mon cher père, mes compliments bien affectueux

pour tout le monde.

P. S. — On vient de dire, qu'hier, à Artenay, 40.000 prussiens ont refoulé 25.000 Français commandés par le Général de la Motterouge. Il paraît que nos troupes étaient à peine organisées et qu'elles avaient peu d'artillerie.

Je rentre vite à mon poste.

C'est le prince de Wurtemberg qui a reçu deux balles à St. Cloud, l'une à la machoire et l'autre au cou ; il était gris.

C'est également le prince de Nassau qui a été tué à Reims.

À ma femme.

Nouzilly, 13 Octobre.

Ma chère Eugénie,

Je suis fort contrarié de n'avoir pas encore reçu ma tente, car j'attends l'ordre de départ et pour camper probablement.

Hier, mes mobiles ont reçu leurs couvertures et tentes. Ils ne demandent qu'à aller et je crois qu'ils n'attendront pas longtemps.

Si j'ai eu du regret en quittant Beaumont-La-Ronce,

j'en aurai aussi en partant de Nouzilly. Les habitants, comme ceux de Beaumont, sont très bons pour mes hommes, et je me félicite beaucoup d'avoir fait la connaissance de la famille chez laquelle je suis. Monsieur Oury est un homme fort séduisant. Il est très instruit, et il a l'amabilité que n'ont pas les savants en général.

Faites pour Jupiter comme on vous conseillera.

Je suis allé dîner hier au château de Beaumont.

Je suis impatient d'avoir de bonnes nouvelles de Joséphine. Embrassez-là pour moi ainsi que les habitants de Bayac. Je ne veux pas être oublié non plus à Bannes, auprès de personne, et je vous prie de remercier monsieur de Gassendi de l'intérêt qu'il me témoigne.

Bien à vous, à Claire et à Guillaume.

À mon frère.

Nouzilly, 15 Octobre.

Mon cher Emmanuel,

J'envoie mon sergent-major à Notre-Dame d'Oé, où est le commandant, chercher le prêt; il doit pousser jusqu'à Tours pour savoir si ma tente et les clairons des sapeurs-pompiers de Beaumont y sont arrivés, et je lui donne ces deux mots, que je t'écris à 5 heures du matin, pour te prier de m'envoyer, si tu l'as, une théorie sur le service en campagne; il nous est impossible de nous en procurer. Tu me l'adresseras à Tours, chez madame Jalbert, 5, rue St Etienne, à moins que tu ne l'envoies par la poste, ce que je préférerais, si c'est possible.

Mes hommes ont reçu les tentes, mais il m'en manque encore quelques unes ainsi que des varenses et des pantalons. Tout arrivera, mais quelle lenteur! Et cependant, on devrait soigner un peu mieux la mobile. Si tu voyais de près ces régiments de marche! c'est à n'y pas croire; et c'est à côté de ces gaillards-là que nous allons nous battre peut-être au premier jour. Nos hommes, qui étaient à la charrue il y a un mois et demi,ne sont naturellement pas très forts sur le métier des armes, mais ils sont très disciplinés et ils marcheront bien, j'en réponds quand ils seront bien dirigés et bien conduits.

On annonce l'arrivée à Tours de Kératry, qui, lui aussi, serait sorti en ballon.

Je ne te parle pas des évènements; tu es mieux au courant que moi. Depuis quelques jours, on est moins rassuré par ici.

Je sais que Marie est à Grand. Castang et que

— 18. —

Léal est juge de paix de Beaumont.

Tout à toi.

A ma femme.

Tours, 16 Octobre, soir.

Ma chère amie,

Je viens d'arriver avec ma compagnie. Tout le bataillon est là. Nous allons à Blois et partons après-demain, mardi.

Kératry est ici ; je le verrai demain.

Pas de nouvelles ce soir.

Amitiés.

A mon père.

Amboise, 18 Octobre.

Mon cher père,

Nous sommes partis ce matin de Tours, tout le bataillon, pour Amboise. Accueil charmant partout. J'ai eu le temps de visiter le château, où monsieur de Cathelineau organise ses volontaires vendéens. Le commandant de Chadois l'a invité à venir dîner avec nous.

De la guerre, pas de nouvelles. L'ennemi n'est pas loin, mais il n'est pas à Lamotte-Beuvron, ni à la Ferté. Les éclaireurs de monsieur de Cathelineau et Adrien de l'Écluse, que j'ai vu à Tours, l'affirment.

Nous partons demain matin à 5 heures pour Blois, où sont déjà les 2e et 3e bataillons.

Je n'ai pu voir Kératry; quand je me suis présenté à la préfecture, hier matin, à 8 heures, on m'a dit qu'il était parti à minuit pour une destination inconnue.

Nos mobiles sont superbes; quels bons petits soldats!

Je crois que nous irons à Bourges, sans cependant pouvoir vous rien assurer.

J'ai reçu ma tente hier au soir; il était temps, comme vous voyez. Je l'ai offerte au commandant qui n'en a pas encore.

Paul de Gardonne est capitaine au 3e bataillon.

Je vous écris du cercle, où Monsieur de Cathelineau nous a présentés.

Adieu, mon cher père, croyez à mon affection bien respectueuse.

A ma femme.

Blois 21 Octobre.

Ma chère amie,

Nous sommes à Blois depuis avant-hier.

La journée d'hier a été employée à compléter notre équipement, et la matinée d'aujourd'hui à recevoir les vivres pour quatre jours.

Ça commence à devenir sérieux.

Je vous envoie une carte de Loir-et-cher pour que vous puissiez suivre nos mouvements. Je serais étonné si les environs de Marchenoir n'étaient pas témoins d'une affaire.

L'armée de Bourges marche aussi, et Trochu a choisi dans Paris 200.000 hommes pour faire des sorties. Arriverons-nous au résultat désiré ? Il faut l'espérer. Ce n'est pas la bravoure individuelle qui fera défaut, certes non, mais c'est un chef que nous ne voyons pas.

Je n'ai pas encore eu le temps d'aller chez le Receveur général, monsieur ch. Maigne.

Je ne puis vous écrire plus longuement aujourd'hui.

Adieu, je vous embrasse tous

— 21. —
À ma fille.

Blois, 22 Octobre.

Ma chère Claire,

J'ai reçu ta lettre ce matin, et quoique j'aie écrit hier à ta mère, je m'empresse de te dire tout le plaisir qu'elle m'a fait. Je sais que les lettres que je vous écris arrivent assez vite, mais les vôtres éprouvent quelquefois des retards. Écrivez-moi donc plus souvent. Aussitôt que j'ai cinq minutes, je prends la plume; je ne suis pas avare de papier, et à propos de papier, j'espère que tu seras contente de celui dont je me sers pour toi.

Je n'ai rien à te dire des choses de la guerre. Nous sommes toujours à Blois, attendant l'ordre de départ.

Les Prussiens n'avancent pas, et il serait bien à désirer que la bataille qui se prépare ne fût livrée que dans quelques jours, car nous ne sommes pas encore bien organisés, et l'instruction de nos hommes est loin d'être complète, malgré le zèle de tous.

J'ai dîné hier chez le Receveur-général.

Je compte sur toi pour l'éducation de Guillaume; tu vas donc t'en occuper pour que je le trouve un jeune homme accompli quand je reviendrai.

2

Adieu, ma chère enfant, dis à ta mère que ma
santé est toujours parfaite, tu iras à Bannes, où
tu en diras autant, et quand tu seras revenue de
Bannes, tu iras à Bayac faire la même commission.

Adieu, je t'embrasse ainsi que ta mère et ton frère.

A ma Sœur.

Ma chère Marie,

Blois, 23 Octobre.

Nous sommes encore à Blois par suite d'un contre-
ordre arrivé hier au moment où nous partîmes pour
Mer. Ce petit retard nous permet de mettre la dernière
main à notre installation de campagne. Ne sois pas
inquiète sur mon compte; j'ai tout ce qu'il me faut,
même des tapis. Je coucherai seul sous ma tente,
mais nous serons quatre qui y mangerons.

Voici les changements qui vont s'opérer dans le
régiment, qui est le 22e de mobiles: Le Lieutenant-
Colonel Beaumaison est colonel et commande la brigade
composée du 31e de marche, du 7e bataillon de marche
de chasseurs à pied et de notre régiment. C'est la 1re
brigade de la 2e division du 16e corps. Monsieur de Chadois,
qui est nommé Lieutenant-Colonel, commande le

régiment, et le capitaine Tocque commande le 1ᵉʳ bataillon, en attendant qu'il reçoive sa nomination de commandant. Si monsieur de Chaslois nous quittait tout à fait, nous le regretterions beaucoup. Le choix de monsieur Tocque est excellent.

Il y a toujours un désordre aussi grand.

Nous n'avons pas encore vu un général.

Le 31ᵉ, qui est avec nous, est bien indiscipliné; cependant, les officiers croient que leurs hommes marcheront, mais ce sera à l'aide du révolver. À ce propos, je te dirai que je viens s'être informé que je fais partie de la cour martiale.

Le 3ᵉ bataillon est détaché du régiment et fait partie du corps de monsieur de Cathelineau; il part demain pour les environs de Chambord.

On dit ce soir que les Prussiens n'ont pas avancé. Je ne comprends pas que, d'Orléans, ils n'aient pas continué rapidement sur Tours. C'est fort heureux pour nous. Presque tous les jours il arrive ici des prisonniers prussiens, et je t'assure que nos petits mobiles ne se privent pas de les regarder. Ces bons jeunes gens font l'admiration de tout le monde; j'espère qu'avant peu vous entendrez parler d'eux.

Notre entrée à Blois a été superbe. Ma compagnie est toujours charmante sous tous les rapports.

Le château de Blois, devant lequel nous faisons
de longues stations, me rappelle Bannes. J'y trouve,
du côté de l'entrée, la même architecture et les mêmes
détails. Partout L, A, comme à la grande cheminée,
avec les ornementations du Style Louis XII.

Adieu, ma chère sœur, je n'oublie personne.
Tout à toi.

A mon frère,

Au camp,(Parc de Ménars) 25 Octobre.

Mon cher Emmanuel,

Hier, à 10 heures, je reçus l'ordre de me rendre
immédiatement à Ménars avec 200 hommes, et de
bivouaquer dans le parc. J'arrivai à l'entrée de la
nuit; en un clin d'œil, toutes les tentes furent dressées.
J'étais loin de penser que le rôle d'agrément qu'avait
la mienne, à Montbrun, serait changé, et qu'elle
deviendrait un jour très utile.

Je suis là pour aider à fortifier le parc qui est clos,
et le commandant m'a dit, quand je l'ai quitté, que

je pourrais bien être isolé quelque temps, ce qui me désole.

Pour notre début, nous avons un temps affreux, mais le parc est beau et très grand.

Malgré mon désir de bavarder un peu comme autrefois au bord de la Courze, sous cette pauvre tente, je suis obligé de te quitter.

Mes meilleures amitiés.

A ma Cousine de Lasse.

Au Camp de Roches, 29 Octobre.

Ma chère Joséphine,

Je reçois votre lettre à l'instant et je m'empresse d'y répondre, ne sachant pas si je pourrai le faire ces jours-ci, car nous venons d'être informés que nous partions demain matin pour marcher en avant.

Je crois que le but est de reprendre Orléans, d'abord, et de marcher ensuite sur Paris. Nous avons bon espoir, quoique les régiments de marche laissent beaucoup à désirer. Les anciens soldats rappelés ont gâté ces bons petits conscrits; on en fusillera quelques uns, et alors les autres se tiendront.

J'ai fait mes débuts de camp à Ménars, Ma

compagnie était seule. Fort heureusement, j'ai reçu l'ordre de rejoindre le régiment à Mer, et nous voilà en pleine Beauce, sur la lisière de la forêt de Marchenoir. En quelques heures, plusieurs divisions ont été réunies ici.

Quand il fait beau, la vie au camp est agréable ; mais quand il pleut et qu'on est dans les terres labourées, c'est fort ennuyeux.

J'ai appris avec grand plaisir que vous étiez bien rétablie, et maintenant, pas d'imprudences.

Comme j'écris très souvent, vous devez savoir que ma santé s'accommode parfaitement de cette vie active.

J'ai eu des nouvelles d'Henry ; je sais qu'il a été juré, et que sa garde nationale manœuvre bien ; je lui envoie mes amitiés ; mes respects à mon oncle et à ma tante, et recevez pour vous, ma chère amie, la nouvelle assurance de ma meilleure affection.

A mon père.

Au Camp de Mares, 30 Octobre.

Mon cher père,

Je disais bien, dans ma lettre à Joséphine, que nous

partions pour la direction d'Orléans. Cette nuit, est arrivé un ordre pour faire porter le camp en arrière, à Maves, sur la route de Chateaudun à Blois. Je me hâte de vous en informer pour que vous ne nous cherchiez pas où nous ne serons pas. J'ignore le but de ce mouvement.

Une affaire ne peut tarder. Tout le camp a été levé ce matin, à 7 heures ; il est déjà installé ici. Malheureusement, le temps est affreux. La nuit a été détestable, et les terres, il faut voir. Le caporal Du Repaire, étant de Grand'garde, a passé la nuit sans tente, et la pluie n'a pas cessé une minute ; aussi, ce matin, il était un peu de mauvaise humeur.

Nos petits mobiles sont toujours pleins d'entrain.

Respectueusement à vous.

A ma femme.

Maves, 4 Novembre.

Ma chère Eugénie,

Hier, le camp a été porté à 2 Kilomètres plus loin, à Pontijoux. Nos trois bataillons sont là ; le 4e bataillon, commandant Bugeaud, est arrivé ces jours-ci

Nous commençons à vivre comme des sauvages,
loin de tout, sans nouvelles, sans journaux, aussi je
ne vous parlerai pas de Bazaine ni de Gambetta.
Avant de se livrer à des réflexions, il est prudent d'attendre et d'être bien fixé sur la vérité. Cependant,
d'ores et déjà, on peut dire que le dictateur Gambetta
vient d'adresser à l'armée une proclamation indigne, qui
ne facilitera pas le rétablissement de la discipline
dont nous avons tant besoin pour les régiments de marche.

C'est un peu dur de camper au mois de novembre.
A une pluie qui a transformé les champs en marmelade,
ont succédé un vent d'une violence extrême et un froid
très-vif.

Vous faites confusion sur notre corps d'armée et nos
généraux; je le comprends, car il y a déjà eu plusieurs
changements. L'armée de la Loire est commandée par
le général d'Aurelle de Paladines, et est composée des
15e et 16e corps. Nous appartenons au 16e corps. Le
général Pourcet, qui le commandait, vient d'être
remplacé par le général Chanzy. Donc, 16e corps:
2e Division, général Barry; 1e brigade, Colonel Desmaisons.
Le général Barry vient d'Afrique. On le dit bon général

et excellent homme.

Vous m'adresserez vos lettres au 22ᵉ de mobiles, 2ᵉ division, 16 corps, armée de la Loire.

Adieu, ma chère amie, mes occupations m'ont fait négliger un peu ma correspondance presque quotidienne. Je vous embrasse ainsi que les enfants.

A ma femme.

Maves, 6 Novembre.

Ma chère amie,

Rien de nouveau autour de moi pour ce qui est des affaires de la guerre. Aujourd'hui je ne vous parlerai donc pas des grands évènements, mais d'un petit changement survenu dans ma santé.

J'ai la petite vérole. En arrivant ici, je fus pris de souffrances atroces, et, comme au camp on ne dort que morceau par morceau, je quittai la tente et vins m'installer dans une chambre, chez un petit fermier, au village, espérant qu'une ou deux bonnes nuits sans bruit me remettraient; il n'en fut rien. Ne soyez pas inquiète; notre docteur, monsieur Barraud, me soigne parfaitement, mais plaignez-moi, je vous y autorise.

Le camp est à 20 minutes, et il ne peut venir personne; je suis donc toujours seul avec mon ordonnance, Duron, brave garçon de Naussannes, qui a remplacé avantageusement le fameux Lacombe, et c'est depuis le jour de la Toussaint que je suis dans cette position. La maladie ne s'est déclarée que depuis trois jours.

Voyez-vous ça, moi qui ne suis jamais malade; il faut que je le sois à Maves, par des temps pareils et à la veille d'une affaire! Et pour comble de déveine, on fait, en ce moment, des manœuvres que je suis seul à ne pas faire.

Enfin, ne vous tourmentez pas, je vous le répète, vous aurez très souvent de mes nouvelles. Embrassez les enfants pour moi, et croyez-moi tout bien à vous.

A ma femme

Maves, 7 Novembre.

Ma chère Eugénie,

La maladie marche bien. Ces bons fermiers sont nombreux, et m'ont donné un lit qui est loin d'être somptueux, mais grâce au Curé du village qui m'a prêté un matelas et bien autres choses, je vais avoir un lit passable, quoique mes drapes semblent être tissés avec de la ficelle.

Dans ce pays, pauvres et riches ont enfoui ce qu'ils avaient de beau et de bon.

Mon ordonnance est à côté de moi jour et nuit, et j'exerce sa patience. Fort heureusement, il y a une cheminée dans ma chambre; j'y fais de bons feux, mais les portes et fenêtres ne ferment qu'à moitié. Je fais la ma petite cuisine plutôt pour me distraire que par besoin; elle se compose de thé et de pruneaux.

Le docteur m'a fait hier deux opérations à la gorge qui ont été douloureuses, mais très opportunes; je commençais à ne pouvoir plus avaler ni respirer. Aujourd'hui, je ne souffre que moralement.

On entend le canon depuis midi du côté de Marchenoir.

J'ai reçu vos lettres, aussi bien celles adressées à Mouzilly qu'à Blois. Pour le moment, abstenez-vous de toute réflexion; quand on est si près de l'ennemi, il faut de la prudence.

Mes amitiés à tout le monde.

A ma sœur.

Maves, 8 Novembre.

Ma chère Marie,

Plus de fièvre et des boutons superbes; par exemple, j'en suis couvert. Je n'ai qu'à attendre de pouvoir me faire conduire à l'hôpital de Blois, et ce moment, je le désire de toute mon âme. Ce matin, le camp a été levé; tout le monde est parti pour le canon d'hier; et de l'armée qui était là, il y a deux heures, je suis seul avec Buron.

Quelques-uns de ces messieurs sont venus me dire adieu, en passant.

Quelle tristesse pour moi !

Hier, nos troupes ont repoussé l'ennemi à trois lieues mais nous avons eu si peu de succès jusqu'à présent, que j'ai dû prévoir le cas où les Prussiens seraient vainqueurs et arriveraient ici avant mon départ pour Blois; je me ferais passer pour un garçon de la ferme.

Mes mobiles recevront probablement le baptême du feu demain ou après-demain, et je n'y serais pas ! On a entendu quelques coups de canon ce matin, et depuis, rien; cependant, le temps est calme.

A demain d'autres nouvelles; je vous embrasse tous.

A ma sœur.

Maves, 10 novembre.

Ma chère sœur,

Je suis bien triste aujourd'hui. Rien de désagréable, cependant, dans mon état, mais cet isolement si grand et si subit est affreux.

J'ai envoyé ce matin le fils du fermier porter une lettre à Ch. Maigne pour le prier de choisir une bonne voiture, et de me l'envoyer semain. C'est peut-être imprudent, mais je n'y tiens plus, je veux m'en aller d'ici; advienne que pourra. Je sens que j'ai besoin de la visite d'un médecin.

Je n'ai pas de nouvelles de mon bataillon ni de l'armée. Je crois qu'on marche sur Paris avec des forces combinées. Si au moment voulu, Trochu pouvait faire une sortie heureuse! Mais l'armée de Metz n'y est plus.

Adieu, ma chère amie, reçois une bonne poignée de mains de ton frère qui s'ennuie bien.

Respects et amitiés à qui de droit, autour de toi.

P. S. Soir. — Mon fermier arrive de nos lignes où il était allé voir un de ses fils qui conduit des voitures. Hier mercredi, on s'est battu toute la journée. La mobile de la Dordogne a beaucoup donné. Les Prussiens ont été repoussés dans la forêt d'Orléans. La ville d'Orléans n'était pas évacuée ce matin, mais elle doit l'être maintenant. Que je suis impatient d'avoir des nouvelles !

A ma femme.

Hôpital de Blois, 12 novembre.

Ma chère Eugénie,

C'est avec une grande satisfaction que je viens vous apprendre que j'ai quitté Maves et mon installation à l'hôpital de Blois, depuis hier. J'ai fait mon voyage dans une bonne berline choisie par Maigne. Toutes les précautions avaient été prises. Une bonne religieuse de village m'a mis en voiture, Duron toujours à mes côtés.

En arrivant ici, je me suis trouvé mieux ; je suis dans une petite chambre bien propre, bien chauffée, et soigné par une petite sœur fort aimable.

Je viens de manger avec un grand plaisir un bon petit dîner, le premier depuis quinze jours, et je puis dire maintenant que je suis en convalescence.

Je suis presque sans nouvelles de mon bataillon ; je sais seulement qu'il s'est bien battu. J'ai envoyé mon ordonnance dans les diverses ambulances de Blois, pour voir s'il y avait ses officiers ou mobiles ; il rentre à l'instant, n'ayant trouvé qu'un mobile de ma compagnie blessé à la joue, et ne pouvant pas parler. Il a reconnu Duron, et lui a écrit sur un morceau de papier que le commandant de Chadois était blessé, et qu'ils avaient été transportés à l'ambulance sur le même cacolet. Il lui a dit aussi que mon lieutenant, du Louget, avait une légère blessure.

J'ai rencontré hier, en venant, les prisonniers de Coulmiers.

Monsieur de Cathelineau, qui a sous ses ordres le 3ème bataillon, a été heureux près d'Orléans.

Je vous dirai que la mobile est en grand honneur. Je savais bien que la nôtre se batterait très carrément, mais il est fort heureux, à tous les points de vue qu'elle ait été victorieuse à la première affaire. Avec la discipline qui règne chez elle, on peut dire qu'elle est une armée très sérieuse, surtout quand elle aura des chefs comme les nôtres.

Je regrette bien de ne pas avoir assisté au baptême de mon bataillon.

Adieu, ma chère Eugénie, donnez de mes nouvelles à Bannes et à Bayac. Je vous embrasse ainsi que les enfants.

A. G. du Chaylard.

Hôpital de Blois, 13 novembre.

Mon cher Georges,

Jamais personne n'a été plus étonné que moi en voyant entrer, ce matin, dans ma chambre, Bureau, de Bayac, père d'un de mes sergents.

Il m'a remis votre lettre qui m'a fait un sensible plaisir; c'est la première que je reçois depuis huit jours.

Bureau vous dira comment je suis, car j'espère qu'il vous trouvera encore dans la vallée. Je suis en pleine convalescence; tous mes boutons sèchent bien, et j'ai bon appétit.

Quand j'écrivais de Maves que j'irais me refaire chez Maigne avec son Saint-Emilion, je ne pensais pas que ma maladie fut aussi grave; je suis empestiféré, et ma position à l'hôpital est plus régulière.

J'ai écrit plusieurs lettres au bataillon, et j'attends ses nouvelles avec impatience. Un de mes mobiles a eu les deux joues traversées par une balle et la langue coupée, aussi ne peut-il pas parler. Hier, en voyant passer mon ordonnance à côté de son lit, il le reconnut et l'attira à lui. Il demanda du papier et un crayon, et il s'engagea entre eux le dialogue que je vous envoie.

Il s'appelle Lonzie, et est, je crois, d'Alles, canton de Cadouin.

Adieu, mon cher ami, croyez toujours à mes meilleurs sentiments.

À l'ambulance du Château de Blois, 12 Novembre.

Lonzie. — Je te connais, Duron, dis-moi, je te prie, comment va notre capitaine, monsieur de Losse, et des nouvelles de nos camarades, si cela t'est possible. Dis-moi si le capitaine est ici.

Duron. — Le Capitaine de Losse va mieux; il a la petite vérole; et est à l'hôpital à Blois.

Tu me connais, mais je ne te connais pas.

Pour des nouvelles des camarades, je n'en sais pas.

Lonzie. — Tu devrais cependant connaître Lonzie

Pierre, de la 2ᵉ Section. Notre commandant fut blessé en même temps que moi ; nous étions sur le même cacolet ; on dit aussi que notre lieutenant est blessé.

Duron. — Maintenant, je te connais pour Lonzie. Moi, je suis venu de la part du capitaine pour voir s'il y avait quelqu'un du Bataillon.

A Lonzie (Pierre).

Hôpital de Blois, 13 novembre.

Mon cher Lonzie,

J'envoie Duron savoir de vos nouvelles.

Dès que je pourrai sortir j'irai vous voir.

Dites-moi si vous êtes bien sûr que le lieutenant soit blessé. Dites-moi aussi à quelle heure vous l'avez été, si la blessure du commandant est grave, et quels sont les mobiles de la Compagnie que vous savez être blessés ou tués. Bien à vous.

A Monsieur de Losse, Capitaine.

Mon Capitaine,

Je voudrais bien pouvoir répondre à vos aimables

demandes. Pour la blessure du commandant, elle est grave; c'est une balle qui lui a traversé la cuisse gauche. Je puis l'affirmer puisque nous avons fait route ensemble jusqu'à l'ambulance. Mais quant au Lieutenant, je ne l'ai su que le lendemain par un caporal de la 3e compagnie du 1er bataillon.

Quant à moi, j'ai été blessé vers les 3 heures de l'après-midi. Une légère blessure au talon et une balle qui a pris son chemin dans la joue gauche et est sortie sous la mâchoire droite. Je commence à parler, je vais mieux; il me tarde de vous voir. Quant à mes camarades, je n'ai pas eu de nouvelles.

J'écris avec peine
Votre tout dévoué, mon Capitaine.
Lonzie Pierre.

A ma femme.

Hôpital de Blois, 16 novembre.
Ma chère Eugénie,
Je suis encore sans nouvelles du régiment; j'ai cependant écrit au commandant Tocque, à Béler et à mon sergent-major.

Ma santé va toujours en s'améliorant ; j'ai fumé aujourd'hui une pipe, la première depuis 17 jours, mais je ne suis pas encore sorti. Si le temps était plus doux, je pourrais aller dans le jardin.

Mon pauvre nez a été bien maltraité ; si je suis marqué, ce sera insignifiant, me dit-on.

Quoique je sois bien soigné, je commence à m'ennuyer d'être toujours seul. J'ai du feu, des livres, des journaux, je suis bien servi, mais je préfère la vie du camp.

J'ai reçu hier soir votre lettre et celle de ma belle-sœur, mais vous ne me donnez pas assez de nouvelles ; vous ne me dites pas si les Savy ont repassé, etc. Donnez-moi donc des détails. Et Claire qui se moque de moi ! Je l'embrasse néanmoins, et vous aussi ; une caresse à Guillaume.

À ma Sœur.

Hôpital de Blois, 18 novembre.

Ma chère Marie,

Je suis enchanté de ce que tu me dis d'Emmanuel ; je ne crois pas que les mobilisés aillent bien loin, mais, le cas échéant, ils peuvent être fort utiles.

Je ne sais rien du régiment si ce n'est qu'il est à St Péravy, que le commandant de Chadois est à Orléans, et que sa blessure se comporte bien.

Ma santé va toujours de mieux en mieux; j'ai bon appétit, mais mes forces ne reviennent pas. Ce matin, je suis allé chez le concierge chercher mon journal.

Quand donc pourrai-je aller retrouver mes hommes? Si tu savais comme ces braves jeunes gens sont attentionnés et obéissants! Ce sera un regret de toute ma vie de n'avoir pas assisté à la bataille de Coulmiers. Je crains de ne pouvoir rejoindre encore; le docteur voulait m'envoyer chez moi pour quinze jours, en congé de convalescence; j'ai refusé, mais je serais allé avec plaisir passer quelques jours à Villebourgeon si les l'Écluse n'avaient pas été aux éclaireurs de Charette.

Je t'avouerai qu'il me tarde de quitter l'hôpital. Ma fenêtre donne sur une petite cour fort triste par où passent tous les enterrements de l'hôpital. Je commence à m'y habituer, mais, les premiers jours, ces nombreux cercueils n'étaient pas faits pour m'égayer. Inutile de te dire que l'hôpital et les trois ou quatre ambulances de la ville sont au grand complet.

Duron est entré à l'hôpital avec la petite vérole

qu'il a prise en me soignant; le docteur dit qu'elle sera des plus légères.

Adieu, ma chère Marie, ne m'oublie auprès de personne à Bannes, et crois toujours à ma tendre affection.

À Léon de Laurière.

Hôpital de Blois, 20 Novembre.

Mon cher ami,

Votre lettre m'a fait un sensible plaisir. Vous n'aviez pas besoin de me dire que parmi mes parents et amis vous êtes un de ceux qui sympathisent le plus avec mes idées; je le sais depuis longtemps.

Plus que jamais, je suis convaincu que quand on est valide, et qu'aucun obstacle sérieux ne vous retient, on se doit au pays si gravement menacé. On a reproché à notre génération d'être abâtardie et sans vigueur; je puis vous affirmer qu'elle donne un formel démenti à cette accusation, et qu'elle prouve qu'elle est l'égale de ses devancières.

Si j'ai eu le tort de ne pas vous écrire, soyez assuré qu'à l'avenir, je vous tiendrai au courant de nos faits et gestes.

Oui, mon cher ami, j'ai cette vilaine maladie, la petite vérole. Après avoir campé plusieurs jours près de Marchenoir, je me sentis atteint. Je ne vous parle pas des détails, que vous devez connaître, de mon installation à Maves et à l'hôpital de Blois; je vous dirai seulement qu'aujourd'hui je suis en pleine convalescence.

L'hôpital est certes une admirable chose, mais le séjour y manque de gaieté; aussi, dès que je serai présentable, car je suis affreux, et que ma maladie ne sera plus contagieuse, j'irai chez Mayne qui a un hôtel charmant, et, là, j'attendrai que mes forces me permettent de rejoindre mon régiment.

Vous devez savoir que nos mobiles ont été cités à l'ordre de l'armée. J'espère me dédommager à la prochaine affaire qui ne peut se faire attendre.

Adieu, mon cher ami, mes amitiés à Gaëtan, et croyez-moi toujours tout bien à vous.

À ma fille.

Hôpital de Blois, 22 Novembre.

Ma chère Claire,

Je suis sensible à ton reproche, et je prends l'engagement de t'écrire plus souvent; j'y mets cependant une condition, que tu m'écriras aussi.

Tu me dis que vous attendez le facteur avec impatience; si tu savais avec quelle régularité je vais attendre le mien chez le concierge! C'est ma seule distraction, car le temps est mauvais, et je ne puis me promener, ce dont j'aurais tant besoin. Je ne bouge pas de ma chambre, qui n'a, comme tu sais, aucune vue agréable; j'y mange et ne vois que trois personnes, le docteur, tous les matins, pendant trois secondes, la fille qui me sert et la charmante et bonne sœur qui vient tous les jours me faire une ou deux visites. Il y a bien quelques officiers dans mon voisinage, mais avec ma maladie, je ne suis pas bien attrayant.

Le docteur m'a dit hier que ma maladie serait contagieuse pendant plusieurs jours encore; il me faut donc ajourner mon déménagement à la recette générale.

Toujours sans nouvelles de mon bataillon ; celles que j'ai m'arrivent par l'Echo de la Dordogne, où j'ai vu la lettre de mon caporal Marty. Le commandant de Chadois va mieux ; on l'a vu se promenant à Orléans.

J'ai appris la captivité de Jules de Gironde. Si vous avez des détails, donnez-les moi. Je n'ai pas entendu parler de la mobile du Lot-et-Garonne. Celles de la Sarthe et de la Mayenne font partie de notre corps d'armée.

Adieu, ma chère enfant, une caresse à Guillaume, mes souvenirs à ta mère. Je vous embrasse tous

---

A ma Sœur

—

Hôpital de Blois, 23 Novembre.

Ma chère Marie,

Je viens te dire que je me trouve beaucoup mieux, et que je vais aller porter moi-même ta lettre à la poste ; ce sera ma première sortie.

Après t'avoir parlé de moi, je n'ai rien à t'apprendre. On attend une bataille, et si nous n'avons pas attaqué encore, c'est probablement pour donner à d'autres forces le temps d'arriver ; car il ne faut pas se le dissimuler, la lutte sera chaude.

Voilà donc Emmanuel à Périgueux et s'occupant de l'organisation de son bataillon. J'écrirai bientôt à Marie pour tâcher de lui faire entendre raison.

J'ai, naturellement, échappé à la cour martiale ; c'est monsieur Tocque qui m'a remplacé. Il y a souvent des condamnations à mort ; on entend, au point du jour, un feu de peloton, c'est ça.

Adieu, ma chère sœur, je t'embrasse et n'oublie personne au château.

A ma femme.

Hôpital de Blois, 29 Novembre.
Ma chère Eugénie,

J'ai enfin reçu des nouvelles. Notre nouveau commandant, monsieur Tocque, me donne des détails fort intéressants sur ma Compagnie. Vous trouverez sa lettre ci-après. Je vous avoue qu'il m'est bien agréable de voir mon commandant s'exprimer ainsi, mais mes regrets augmentent.

J'avais bien raison d'avoir confiance en mes hommes ;

et je n'étais pas avec eux pour prendre part à leur premier succès ! Depuis trois jours je suis sensiblement mieux ; je sors tous les jours en ville, je fais même des visites au pâtissier ; aussi j'espère pouvoir partir avant huit jours.

Sans vouloir poser le moins du monde, je vous assure que la guerre a son attrait. Il me semble qu'elle retrempe l'homme et le grandit. Au camp, les sentiments s'élèvent ; on y apprend à mépriser ces petites misères de la vie ; on y apprend aussi à évoquer le pays, le foyer et leurs plus tendres souvenirs. Là, moins d'égoïsme qu'ailleurs et des cœurs qui ne vous trompent pas. Les bons moments, car il y en a, font bien vite oublier les mauvais.

Le commandant de Nattes a été très brillant à Coulmiers. Il est officier de la légion d'honneur. Les journaux de Blois et d'Orléans disent, comme monsieur Tocque, que le commandant de Chadois a eu aussi sa bonne part de gloire dans cette journée.

Hier, je suis allé voir Maigne. Il a chez lui le général Ressayre et sa femme. Le général fut blessé dans une chute de cheval, à Coulmiers, où il commandait une division de cavalerie, et à ce propos, je vous dirai qu'on considère comme très fâcheux que notre cavalerie n'ait pas bougé. Presque toute l'armée bavaroise aurait pu être prisonnière.

On dit que le général Rayau, qui commandait aussi une division de cavalerie, prit les francs-tireurs de Paris pour de fortes colonnes ennemies, et que cette méprise est la cause de l'inaction de notre cavalerie.

Adieu, ma chère Eugénie, bons souvenirs bien affectueux aux enfants.

_____

Du commandant Tocque
au Capitaine de Losse.

——

Camp de Rozières, 25 Novembre.

Mon cher monsieur de Losse,

J'avais commencé une lettre pour vous du camp de St Péravy, vers le 16 de ce mois; j'ai été interrompu au beau milieu et n'ai pas trouvé depuis le temps de vous écrire quelques mots.

J'ai vivement regretté d'être parti de Maves sans pouvoir vous serrer la main. Je voulais aller

vous voir le dimanche, et je me disposais à partir,
lorsque je reçus l'ordre de me rendre à la cour
martiale. L'occasion manquée ne s'est plus
retrouvée, mais je puis vous assurer que j'ai
souvent pensé à vous et à la peine que vous avez
éprouvée de vous trouver loin de nous, cloué par la
maladie sur votre lit.

J'ai fait part de votre lettre aux officiers du
bataillon; tous ont été heureux de vous voir entrer
en convalescence. Puisse votre retour ne plus tarder
longtemps.

Je ne vous parlerai pas de la bataille de Coulmiers,
car vous avez dû en voir le récit dans tous les
journaux. Le premier bataillon y a pris une
part très-glorieuse en enlevant, avec un entrain
vraiment extraordinaire, le bois en avant de la
position. Notre cher commandant a été admirable,
marchant au milieu des balles, monté sur son
cheval blanc qui servait de cible.

Votre compagnie, mon cher monsieur de Losse,
s'est distinguée entre toutes. Du Touget vous a
envoyé, je pense, tous les détails. mais je tiens à
constater que placée la première par son rang de bataille

elle a tenu à conserver sa place. Elle a été enlevée par du Jonget qui est certainement un modèle d'officier sous tous les rapports. Je l'avais proposé en première ligne pour la décoration; à la revue passée il y a quelques jours par le Colonel, je le lui ai présenté d'une manière toute particulière; enfin, apprenant qu'il n'était pas porté, j'ai été réclamer pour lui auprès du général. Je devais donc penser qu'il serait cité pour sa belle conduite dans le rapport du colonel. Point. Il n'est même pas nommé !!

Et Chadois qui n'est pas décoré! Le général le lui avait promis sur le champ de bataille, et son étonnement a été si grand de ne pas le voir parmi les heureux du Moniteur, qu'il nous a dit en plein rapport : « Messieurs, je n'aurais pu demander qu'une croix que cette croix eût été pour le Commandant de Chadois. » Il a déclaré également qu'il regrettait vivement pour Beauroyre.

Ces injustices vont être réparées, mais le coup n'en est pas moins porté, et c'est du plus mauvais effet.

Nous avons eu si mauvais temps pendant plusieurs jours, qu'on a dû nous faire quitter nos tentes qui étaient pleines de boue et d'eau. Nous occupons maintenant ses fermes en arrière de Rozières. Nos pauvres mobiles, toujours à moitié nus, en avaient grand besoin. Un grand nombre étaient indisposés.

Nous nous attendons à faire mouvement; depuis hier, on entend le canon dans la direction d'Artenay; ce sont simples combats d'avant-garde, mais évidemment les Prussiens ne sont pas loin.

Achevez de vous guérir, et revenez-nous bien vite; c'est le vœu que forment vos amis parmi lesquels je vous prie de vouloir bien me compter.

Veuillez agréer l'assurance de mes sentiments les plus distingués.

A. Tocqué.

A mon frère.

———

Hôpital de Blois, 30 Novembre.

Mon cher Emmanuel,

Tu dois être bien étonné de mon silence à ton égard. Je l'étais moi-même du tien quand ce matin j'en ai eu l'explication. Les deux lettres que tu m'as écrites sont allées au camp, ainsi qu'une masse d'autres, quoique adressées à Blois.

Je viens d'en recevoir un gros paquet.

Je sors demain de l'hôpital. Le docteur m'a donné une exemption de huit jours que je passerai à la recette générale, où Maigne m'a offert l'hospitalité avec son amabilité habituelle. Mes soirées sont mortelles depuis un mois.

C'est vers Étampes qu'on pense que se livrera la première bataille. La France a les yeux sur l'armée de la Loire; elle seule, en effet, a remporté une victoire, belle surtout au point de vue moral. Le pays peut donc avoir confiance et espoir.

On m'a dit que tu avais des ennuis pour l'organisation de ton bataillon; si vous allez quelque part, ce sera probablement à Bordeaux. Dis-le à ta femme en lui transmettant mes compliments bien affectueux; je t'en adresse aussi sur la manière dont tu as été nommé, quoique je ne sois pas partisan du système de l'élection.

Pas de nouvelles aujourd'hui. On parle vaguement d'un petit avantage. Le colonel Desmaison a été nommé général. Je viens de lire la lettre de Kératry à Gambetta; elle m'a fait grand plaisir.

Mon blessé Lonzie va bien.

Adieu, mon cher Emmanuel, mes bons souvenirs à Monsieur de Gassendi et à tout le monde.

A ma fille.

Ma chère Claire,

Je viens d'écrire à ton oncle, mais dans le cas où il ne serait pas à Bannes, je t'écris deux mots seulement pour te dire que je vais toujours de mieux en mieux, et que demain je quitte l'hôpital pour aller chez monsieur Maigne. Là, le régime étant meilleur, et ayant des distractions je me rétablirai plus vite.

Rien de l'Armée de la Loire, si ce n'est que Gambetta s'use bien.

Il fait un temps superbe aujourd'hui, un beau soleil, mais il fait froid. Je vais faire une bonne promenade pour habituer mes jambes.

Puisqu'il était écrit que je devais aller à l'hôpital, je me félicite que la Providence m'ait envoyé à Blois. Depuis longtemps, j'ai un faible pour le Blaisois; sans doute à cause de mes relations en Sologne et ses chasses que j'y ai faites.

Adieu, ma chère enfant, je ne t'écris pas plus longuement, car, ayant reçu hier beaucoup de lettres, j'ai beaucoup de réponses à faire.

Je t'embrasse tendrement.

À ma femme.

Blois, 4 Décembre.

Ma chère amie,

Voilà quelques jours que je n'ai pas reçu de lettre de vous. J'en attends par le courrier d'aujourd'hui qui n'est pas encore arrivé; il est même probable qu'il n'arrivera que dans la nuit; depuis deux jours, les trains de voyageurs sont presque supprimés entre Tours et Orléans, pour laisser place aux troupes qui arrivent et aux subsistances.

Quand ma lettre vous parviendra vous connaîtrez déjà notre insuccès du 2. Je viens de voir un mobile blessé qui m'a dit que le 1er bataillon avait beaucoup souffert.

Les 2e et 4e bataillons ont donné aussi.

Pour ne pas tourmenter les familles de Beaumont

ne dites pas que nous avons <u>beaucoup</u> souffert ; peut-être aussi y a-t-il exagération de la part de ce mobile.

Les trains de voyageurs étant arrêtés, je n'ai pu voir les aimables visiteurs que vous m'annoncez. Je viens de faire passer une dépêche à monsieur Roze, à Tours, pour savoir s'il a vu Georges.

Je partirai décidément cette semaine.

Il fait un froid très rigoureux.

J'ai reçu hier une lettre de Mlle Peyroni qui m'envoie, pour mes mobiles, 250 francs provenant d'une souscription ouverte par ses soins et ceux de madame Beyne dans les ateliers de la maison.

Je vous quitte pour aller dîner chez madame Lasnier dont le mari est le fondé de pouvoirs du receveur général.

Adieu, ma chère Eugénie, je vous embrasse ainsi que les enfants.

P. S. Au moment où je termine ma lettre, je reçois un petit mot de Georges qui me dit qu'il vient d'arriver avec Henriy. Je cours leur serrer la main à l'hôtel d'angleterre, et les chercher pour les amener dîner chez madame Lasnier.

À mon père.

Blois, 5 Décembre.

Mon cher père,

Blois est dans la plus grande tristesse.

L'armée de la Loire a été complètement mise en
déroute aux environs d'Orléans.

J'ai vu arriver à midi, par le pont, le général
Desmaison et le commandant Bugeaud. Ils battent
en retraite depuis trois jours, et ne savent pas ce qu'est
devenu mon bataillon; ils le disent abîmé et le croient
prisonnier. Je n'ai pas de détails sur les morts et les
blessés. Je ne connais que la mort d'un capitaine et
la grave blessure d'un autre.

Je vais suivre mon général, et si nous ne partons
pas pour Tours demain, nous resterons ici pour
rallier les débris de la brigade.

Les trains sont disloqués, comme bien vous pensez;
ils ne portent que des blessés et des bestiaux. aussi
Henry et Georges sont-ils très embarrassés pour s'en
aller; toutes les voitures et tous les chevaux sont rete-
nus. Je crois qu'ils vont partir à pied. Leur visite
m'a fait grand plaisir. que Joséphine ne se tourmente

pas.

Le receveur général est prêt à filer pour sauver sa caisse.

Dites à Eugénie que mon adresse est la même jusqu'à nouvel ordre.

Respectueusement à vous.

P. S. Je viens d'apprendre que le 17ᵉ corps n'a pas beaucoup souffert, mais je puis, malheureusement, maintenir ce que j'ai dit pour notre mobile.

A ma femme.

Blois, 6 Décembre.

Ma chère Eugénie,

J'ai été fort occupé aujourd'hui. Le général Desmaison m'a envoyé chercher pour me donner l'ordre de ramasser les débris de nos trois bataillons. J'ai rallié 260 hommes. Je me suis empressé de les faire manger et coucher, et de leur donner quelques pantalons et souliers.

Je n'ai que peu de détails encore sur la triste affaire dont je ne vous parle pas. Dusoulier a été tué;

le capitaine Desvigne aussi ; du Touget se battait
encore dimanche soir à Orléans. On le croit blessé
et prisonnier avec une grande partie de ma compagnie.
C'est un vrai désastre pour nos mobiles ; cependant, un
échec n'est pas une défaite, et si un corps d'armée a
été mis en déroute, tout n'est pas perdu.

René de l'Écluse m'a dit hier que le général Ducrot
était à Étampes, mais . . . .

Henry et Georges sont partis si vite que je n'ai
pu les voir. Nous étions ensemble à la gare ; j'entrai
dans une ambulance pour voir s'il y avait des blessés
de mon bataillon ; quand j'en sortis, ces messieurs avaient disparu pour aller chercher leurs malles. Je courus
à l'hôtel, ils en étaient repartis, et quand je fus
revenu à la gare, le train qui les emportait était en
marche.

Madame de Chasois est arrivée ici ce soir, mais
qui sait où est son mari ? Personne.

Bien à vous

— 59. —

A ma Sœur.

———

Château de Chaumont, 8 Décembre.

Ma chère Marie,

Quoique bien fatigué, je veux, avant de me coucher, t'informer que j'ai quitté Blois, et te donner
quelques nouvelles dont vous devez être avides.

Nous sommes partis ce matin de Blois pour Tours,
et je t'écris du château de Chaumont, où nous recevons
la plus gracieuse hospitalité. Le général Desmaison
est là. Ce que j'ai pu rallier de nos bataillons n'est
pas brillant.

Que ferons-nous arrivés à Tours ? Je l'ignore.

Hier mercredi, à Blois, on a entendu le canon toute
la journée, dans la direction de Beaugency. Nos troupes
ont fait bonne résistance. Je ne sais ce qu'on a fait
aujourd'hui.

Toujours pas de nouvelles du régiment, et les bruits
les plus divers. J'ai vu hier soir, madame de Chaudois;
la pauvre femme fait peine à voir.

Je regrette d'avoir écrit à Eugénie que Dusoulas
avait été tué ; tout le monde le dit, mais personne
ne l'a vu ; aussi j'attends pour écrire à sa famille ;

donc, silence.

Messieurs de Gastebois et le duc de Luynes ont été tués. Monsieur de Charette est blessé et prisonnier; le général de Sonis aussi.

Buron est parti pour chez lui, en congé de convalescence.

Amitiés à tout le monde.

P. S. Vendredi matin, 9 Décembre.

Nous repartons pour Blois.

A mon père.

———

Chailles, près Blois, 9 Décembre.

Mon cher père,

Dans ma lettre à Marie, je disais ce matin, en post-scriptum, que nous revenions à Blois. Nous nous sommes arrêtés à Chailles, à 4 kilomètres de Blois, sur la rive gauche. Ce mouvement est insensé, car nos hommes sont harassés.

Vous connaissez mon effectif, 250 hommes; bien peu de ma compagnie, mais je viens d'apprendre que 300 hommes, sous la direction de Chassaigne, officier payeur du 1er bataillon, sont à Blois, et nous rejoindront demain matin. Ils nous apporteront des renseignements sur les désastres de notre pauvre 16e Corps.

Quelle triste chose qu'une panique et une débandade ! C'est navrant.

Le canon s'entend tous les jours sur la rive droite. Malgré le triste état moral et physique de ses troupes, le général Chanzy fait bonne contenance et ne recule que pied à pied.

Les Prussiens ne sont qu'à 12 Kilomètres de nous ; il est donc probable que demain matin nous reprendrons le chemin de la retraite, car ce serait folie de conduire au feu nos hommes tels qu'ils sont.

On dit que Messieurs de Chadois et Béler ont été tués à Orléans, mais personne ne peut m'assurer ces malheurs.

Je vous écris de chez un brave paysan qui m'a offert un lit à côté du sien, et chez lequel j'ai soupé avec une frotte à l'ail et un petit vin blanc pas désagréable. Hier, je dînais dans un château princier.

Adieu, mon cher père, à demain d'autres nouvelles; je vous embrasse tous.

A ma femme.

Amboise, 10 Décembre, midi.

Ma chère Eugénie,

Le mouvement d'hier n'a pas été heureux.

Nous sommes revenus sur nos pas, et j'arrive à Amboise fatigué comme jamais je ne l'ai été. Je suis loin d'être remis, et j'ai fait l'étape à pied. Calvès, qui conduit la jument du pauvre commandant de Chadois, et que j'ai pris avec moi, s'est trompé dans un ordre que je lui ai donné.

Voici la situation.

Sur la rive droite, c'est à dire entre Beaugency et Marchenoir, le général Chanzy tient les Prussiens en échec, mais ils sont si nombreux qu'ils occupent aussi la rive gauche de la Loire, et doivent être en face de Blois à l'heure où j'écris. Ce matin, le pont de Blois a sauté à 6 heures. Nous avons entendu la détonation.

Nos 300 hommes qui étaient sur la rive droite avec Chassaigne nous ont rejoint. Ma compagnie n'a perdu autant d'hommes que je le croyais. Je n'ai pas avec moi tous les hommes de Bannes, mais je sais qu'ils vont bien. Souchal et Orgueil, qui arrivent

de la ligne de Vierzon, par la Sologne, m'ont dit
que le gros du régiment avait opéré sa retraite sur
Châteauroux, par Lamotte. Beuvron, ayant à sa tête
le commandant de Nattes. On Longet et environ 80
hommes de ma Compagnie sont avec le régiment.

La Chapelle a couché à Blois et n'est pas venu
cette nuit avec Chassaigne. Il aura suivi sans doute
la rive droite, et nous retrouvera à Tours. Il va bien.

Les jeunes gens de Beaumont sont sains et saufs,
mais nous avons quelques prisonniers, entre autres
les officiers de Génis et Lonton; mon sergent-major Valette, qui est blessé au genou, est également prisonnier.
Pour Ausoulas, ça se confirme, mais j'ai besoin de
voir un officier. On dit aussi que le commandant de
Chasdois a été tué dans les tranchées d'Orléans à la tête
du 31ᵉ.

Nous allons à Tours et de là je ne sais où.

Je suis tellement fatigué que je n'ai pas la force
d'en écrire plus long, et de vous parler du triste spec-
tacle qu'offrent le pays et ces paysans se sauvant devant
l'ennemi, et emportant tout ce qu'ils peuvent. La
débandade du 16ᵉ corps continue.

Adieu, ma chère Eugénie, parlez de moi aux

enfants.

Tout à vous.

A ma Sœur.

Tours, 13 Décembre.

Ma chère amie,

Avant-hier, nous partîmes d'Amboise pour Tours,
comme je t'écrivais, mais arrivés aux portes de la ville,
le général Desmaison envoya le commandant Bugeaud
chercher des ordres à la place. Le général qui commande
à Tours ne voulut pas nous recevoir, et nous fûmes obli-
gés de revenir sur nos pas jusqu'à Montlouis ; 15 kilomètres de plus à mettre dans nos jambes, la nuit et éreintés !
A Montlouis, il n'y eût pas de logement pour moi, et je
fus obligé d'aller coucher sur la paille, dans une grotte,
le jour de ma vie, où, vu mon état, j'aurais eu le plus besoin
d'un lit.

Sans entrer dans aucun détail, je te dirai qu'hier,
j'ai quitté le général Desmaison en lui disant que mes
forces ne me permettaient pas de continuer, et pendant
qu'il prenait la direction de Vendôme, je suis venu à
Tours avec la résolution de trouver mon bataillon, et de le

rejoindre n'importe où.

Par un des plus heureux hasards, j'ai trouvé ici, arrivé depuis une heure et venant de Vierzon, le noyau du régiment avec le commandant de Nattes. On s'est un peu embrassé.

Beler est là et bien portant; du Louget aussi Beauroyre est blessé! Il est bien vrai que Arsoulas a été tué; je viens d'écrire à son oncle, monsieur Jules. Le bruit de la mort de monsieur de Chadois n'est pas démenti.

Nous partons dans une heure pour Poitiers, mais en faisant un détour pour ne pas être pincés par les Prussiens qui sont sur nous. Nous descendons la Loire.

Je t'embrasse.

A Léon de Laurière.

——

Château de Champigny, près Richelieu, 15 Décembre.

Mon cher ami,

J'ai enfin retrouvé, à Tours, mon bataillon conduit par le commandant de Nattes qui a le sien aussi.

La colonne partit de Tours avant-hier à midi, et moi, je ne pus partir qu'un peu plus tard, à cause de la jument de Beauroyre qui a été volée. Il me fut impossible de rejoindre, avant la nuit, la colonne qui descendait la Loire avec Poitiers pour destination, et je couchai à St Mars ; aussi, hier, me suis-je trompé. La colonne avait couché à Langeais et en était déjà partie quand j'y arrivai ; elle y avait traversé la Loire, et moi je continuai toujours sur la rive droite ; je m'aperçus enfin de mon erreur à La Chapelle. Je ralliai 70 hommes qui s'étaient trompés comme moi, et pris une ligne droite en traversant la Loire dans de petits bateaux. J'arrivai avec ma troupe, à huit heures du soir, à Huismes, village sur l'Indre, où nous avons été admirablement reçus. Ce matin, j'en suis reparti pour rejoindre le régiment à Richelieu, mais arrivé à Champigny, à 5 kilomètres de Richelieu, il était nuit, et mes hommes étaient tellement fatigués que j'ai fait faire halte. Pendant que j'étais allé chez le maire, le Commandant de Nattes est arrivé de Richelieu pour dîner et coucher au château de Champigny, chez son cousin, monsieur le Comte de La Roche-Aymon. Il a été fort étonné de trouver là des mobiles de son régiment.

Après lui avoir expliqué mon mouvement stratégique, il m'a présenté à sa cousine qui était à son bras ; la comtesse de La Roche-Aymon m'a offert l'hospitalité

que j'ai acceptée, naturellement, en remerciant monsieur
le maire de celle qu'il m'offrait, et me voilà dans un des
beaux châteaux de la Touraine.

On a dîné à 7 heures et demie; or, j'avais déjeuné à
Kuismes à 8 heures, et je ne vous dis pas si j'ai fait honneur à cet excellent dîner, dont je garderai longtemps le
souvenir; je rentre dans mon appartement, avec Labanouse
pour camarade de chambrée, et n'étant pas trop pressé
par le sommeil, grâce aux vins généreux dont j'ai lar-
gement usé, je vous écris ces quelques lignes pour vous dire
où je suis, où je vais et que si je ne vous écris pas plus
souvent, c'est parceque le temps de la flânerie est réel-
lement bien passé.

Aujourd'hui on a annoncé avec un certain éclat de
bien grandes nouvelles, mais je connais maintenant
la politique du gouvernement de la défense nationale,
aussi je me méfie. Nous avons été attrapés si souvent.

Les voici cependant, ces nouvelles:

Trochu cernerait Versailles. On demandait ce matin
à Tours, 12 machines pour transporter les prisonniers
prussiens. Tours, qui avait désarmé sa garde nationale
avant-hier, l'a réarmée aujourd'hui.

Ducrot serait près de Chartres et Bourbaki aurait

battre le prince Frédéric-Charles sur le choc.

Voilà les nouvelles que monsieur le curé de Huismes
est venu m'annoncer, et qu'on m'a confirmées à la
mairie de Chinon. Je n'y crois que médiocrement.

Vous devez savoir que, comme le général de La Motterouge, le général d'Aurelle vient d'être remercié et
remplacé par le général Chanzy. Ces messieurs de Tours
ne sont pas longs dans leurs décisions; je crois que ce
sont eux qui devraient être destitués.

Le commandant de Nattes a fait la retraite d'Orléans
avec beaucoup d'énergie. Le commandant Tocque est
resté près de Vierzon, fatigué et malade.

Tout à vous, bons souvenirs à Gaëtan.

A ma fille.

Poitiers, 19 Décembre, soir.

Ma chère Claire,

Nous sommes arrivés ici hier matin bien fatigués.
Nos hommes n'en peuvent plus, et moi j'ai fait
quelques journées bien péniblement. J'ai la jument
de monsieur de Chadois, mais voyant mes hommes
si malheureux je n'ose m'en servir.

J'ai passé toute la journée sur la place d'armes, occupé à distribuer des effets d'habillement et de campement, et je profite d'un moment de tranquillité pour t'écrire quelques mots.

Nous sommes campés à Blossac, belle promenade de Poitiers, mais nous n'y resterons pas longtemps, car j'entends dire autour de moi que nous repartons demain pour le Mans.

Les hommes sont un peu démoralisés; on a abusé d'eux en les éreintant mal à propos; ils sont mal nourris et pas toujours régulièrement payés. Quel malheur que nous n'ayons pas un général vigoureux pour prendre la haute main !

J'ai repris le commandement de ma compagnie, et du Pouget, qui va être nommé capitaine, commande la 3e en remplacement de monsieur Cocque.

Nos bagages sont probablement pris. Depuis douze jours, je suis avec une chemise et un mouchoir. C'est affreux. Enfin, hier, je me suis mis à mon aise, mais il faut toujours acheter; aussi je vais prendre un sac, comme les soldats.

René de l'Écluse est ici pour se reformer comme nous. Je vous ai déjà dit que son frère Adrien et lui

— 70 —

sont aux éclaireurs de Charette.

Il paraît très certain que M. de Chadois s'est fait tuer. C'est un vrai malheur.

À l'avenir, je ne vous dirai plus rien des affaires de la guerre ni des dépêches. Je n'aurai plus l'empressement que j'avais au début, pour vous faire connaître toutes ces histoires dont les Prussiens doivent bien rire. Les auteurs de ces fausses nouvelles sont bien coupables.

Depuis mon départ de Blois, je n'ai pas reçu une seule lettre. Écrivez-moi à Poitiers, poste restante.

Adieu, ma chère enfant, occupe-toi de Guillaume, je t'embrasse bien.

<hr>

À ma femme.

Près Châtellerault, sur la route, 22 Décembre.

Ma chère Eugénie,

Nous avons quitté Poitiers hier matin, et nous allons bien au Mans.

Après vous avoir avoir annoncé plusieurs fois la mort de monsieur de Chadois, je viens vous dire qu'il est avec nous.

Avant-hier, à Poitiers, vers midi, il apparut dans un costume qui, malgré tout, ne lui enlevait qu'avec peine cet air militaire qui lui est propre. Ce fut comme un rêve. Il est resté caché à Orléans pendant plusieurs jours, et s'en est sauvé, par la Sologne, déguisé en boucher. Son histoire est fort intéressante. Je ne vous dis pas si l'émotion a été grande, surtout au 1er bataillon où il est adoré. Précisément, la veille, en dînant, nous disions que si nous revenions à Bergerac, nous lui ferions faire un service avec la plus grande pompe. Il nous épargnera ce soin et nous en remercions Dieu.

Nous sommes sous les ordres du général de Curten que nous avons trouvé à Poitiers. Nous sommes partis de Châtellerault, ce matin, à 8 heures, et cet excellent général a trouvé charmant de nous faire arrêter à 500 mètres du faubourg, sur la Route de Richelieu, avec ordre de faire la soupe et de camper. C'est une infamie, car il n'y a pas un seul soldat à Châtellerault, et il fait un temps des plus rigoureux. Il neige depuis cette nuit, et le vent est au Nord et très violent.

L'esprit de nos hommes s'aigrit tous les jours, et cet ordre insensé et maladroit n'est pas fait pour leur remonter le moral.

Pour compléter le tableau, je vous dirai que ces pauvres mobiles n'ont pas encore reçu de vêtements, et que quelques-uns sont presque nus. Aussi, quand est venu l'ordre de dresser les tentes, on a un peu fait la grimace. Voilà comment on est arrivé à décourager des hommes qui étaient animés des meilleurs sentiments. C'est très malheureux. Je suis resté avec mes hommes pour leur donner l'exemple, et j'ai fait faire, pour moi, la soupe et un beefteck qui étaient dignes du chef le plus illustre. Mes fourneaux étaient dans le fossé de la route; c'est le caporal Marty qui opérait.

Écrivez-moi au 22e de mobiles, 16e corps, 2e Division, Armée de la Loire. — Je vous embrasse.

A ma Sœur.

—

Bourgueil, 25 Décembre.

Ma chère Marie,

Tu dois me trouver bien négligent. Si tu savais la vie que je mène depuis que je suis parti de Blois! Nous courons sur toutes les routes de la Touraine et du Poitou, sans nous arrêter un jour. Quand nous arrivons à un endroit, il faut se caser et nous en repartons avant jour ; juge de la difficulté qu'on a pour écrire, même deux mots, surtout quand on est de semaine, comme je le suis en ce moment.

Nous marchons sur Château-Lavallière et le Mans, où Chanzy réunit son armée.

Tu sais qu'à Poitiers, notre Commandant arriva au milieu de nous à l'improviste. Quand il se présenta au Camp, il y eût un beau moment ; il a repris la direction de la colonne, et ce matin, à Chinon, nos mobiles ont reçu des vêtements, pantalons rouges, vestes et capotes de la ligne.

Ma santé est redevenue parfaite, mais je souffre beaucoup de la plante des pieds. Je marche avec beaucoup de peine ; c'est une question de temps. Mon appétit est celui que j'avais à 20 ans. Une chose me manque, de n'avoir pas de vos nouvelles.

Depuis le 6, je n'ai reçu que deux lettres, une d'Eugénie et l'autre d'un caporal de mes sapeurs-pompiers, me signalant ses contrariétés qu'éprouvent ces braves gens.

Je me garderai bien de te parler des affaires politiques ; je te dirai seulement qu'il fait un froid très vif, que la Loire est prise, que notre pain se gèle, et que si le métier de soldat a ses roses, il a aussi quelques épines. Je ne me plains pas, je constate un fait, et j'ajoute que pour faire campagne, il ne faut pas jouir d'une mauvaise santé.

Crois à ma bonne et tendre affection.

P. S. On vient de me dire que mes bagages, que je croyais perdus, sont à Périgueux, avec le commandant Bugeaud. J'ai pris le parti de porter un sac, comme les troupiers, et je m'en trouve bien.

A ma Sœur.

Lille, 26 Décembre, soir.

Ma chère Marie,

Ce matin à Bourgueil, en entrant à l'hôtel avant jour, pour prendre un premier déjeuner, j'ai été fort étonné de trouver blotti sous la cheminée de la cuisine, monsieur Bouysson, de Cadouin, beau-frère de mon sergent-major, Monzie. Je lui ai donné ma lettre pour toi, que très heureusement, je n'avais pas encore mise à la poste.

On vient de me remettre ta lettre du 19, confiée à mon ordonnance. C'est Chassaigne, notre officier-payeur, arrivant de Périgueux, qui me l'a apportée.

Le bon Duron a été gardé à Périgueux; on n'a pas voulu le laisser revenir à son bataillon, ce qui ne s'explique pas, et me contrarie beaucoup.

Je me hâte de te dire que les démarches dont tu me parles, faites par la gendarmerie au sujet de Boisserie, sont le résultat d'une erreur.

Boisserie n'a pas quitté sa compagnie. Il est ici, je l'ai fait appeler, et j'ai demandé à son capitaine des explications qui sont en faveur du jeune homme. Dis-le donc très-haut et rassure sa famille, même sur sa santé, car il est magnifique.

Nous marchons toujours sur le Mans, et nous avons reçu l'ordre de passer l'inspection des armes, ce qui sent la poudre. Nous formons une colonne de 4000 hommes, et nous sommes encore commandés par le général de Curten, qui n'a pas nos sympathies depuis son équipée de Chatellerault. Il se fait escorter par les éclaireurs de Charette.

Emmanuel est donc sur le point de partir aussi; tant mieux, quoique ce soit pénible pour Marie, à qui j'adresse, comme à toute la famille, les assurances de ma vive amitié. Je vous embrasse tous.

A Élie de Sens.

Brèches, 28 Décembre.

Mon cher Élie,

Nous avons enfin un jour de repos.

La petite ville de Château-Lavallière ne pouvant contenir 4.000 hommes, mon bataillon est détaché dans un village des environs. Nous repartons demain matin pour Neuvy-le-Roy, dit-on, près de Beaumont-la-Ronce. Nous sommes assez contents d'aller dans ces parages que nous connaissons, et bien plus propres à la guerre que ces immenses plaines de la Beauce où on a eu grand tort de nous engager.

Le froid est toujours des plus vifs; nous en souffrons beaucoup. Nos pauvres mobiles ne couchent que dans des granges ou des greniers, et font leur cuisine en plein air. Malgré tout, sauf quelques exceptions, nous nous portons tous à ravir.

Le Commandant de Chadois (je dis commandant, car quoique lieutenant-colonel, il veut qu'on l'appelle commandant, et ne porte que quatre galons), le commandant de Chadois, dis-je, a relevé le courage de nos mobiles, mais ils se plaignent tout bas du retard des distributions.

Les rations de pain et de viande se font attendre, et quelquefois elles sont exigües, ce soir par exemple; la faute en est à l'administration supérieure.

Selon les probabilités, ma lettre arrivera à Grand-Castang le jour du premier de l'an; sois assuré que ce jour là, je penserai à vous tous.

Adieu, mon Cher Élie, compliments affectueux à Georges et à Élia; tout à toi.

A ma femme.

Neuvy-le-Roy, 30 Décembre.

Ma Chère Eugénie,

Nous sommes à Neuvy-le-Roy. Le 1er bataillon seul est là. L'ennemi n'est pas loin. Je devais être de Grand'garde ce soir, et je me proposais de vous écrire longuement, mais nous venons de recevoir l'ordre de faire une reconnaissance avec tout le bataillon. Nous partons donc, et je n'ai que le temps de vous embrasser.

Froid toujours aussi rigoureux.

Nous sommes chez monsieur Nau qui est venu réclamer tous les capitaines. Bonne installation dont ne jouirons pas longtemps sans doute.

Écrivez-moi au Château de Beaumont.

Nous avons laissé à Rillé le commandant de Nattes qui s'est trouvé fort malade.

A ma Sœur.

—

Près Neuvy-le-Roy, 31 Décembre, 4 heures du matin.

Ma chère Marie,

Je termine bien mon année. Je suis de grand'garde, et, vu les circonstances, j'ai sous mes ordres 10 cavaliers. Le maréchal-des-logis vient de me prévenir qu'un de ses hommes avait fait feu sur des uhlans, et qu'il se repliait sur mon poste, d'où je t'écris ces deux lignes à la hâte. Il est 4 heures du matin; la nuit se terminera, bien sûr, sans qu'il y ait autre chose, mais je ne crois pas que la journée se passe sans que nous tirions des coups de fusil.

D'après mon avertissement, le bataillon qui est à Neuvy-le-Roy, à 1500 mètres de moi, est sous les armes, et je reçois à l'instant l'ordre d'avoir déployé ma compagnie en tirailleurs avant le jour. Il est probable que nous marcherons en avant, aussi je fais faire la soupe.

Mes hommes sont toujours solides et pleins de gaieté.

On dit que nous avons devant nous 3 à 4000 Prussiens seulement.

Tendrement à toi.

A ma fille.

Le Boulay, 1er Janvier 1874.

Ma chère Claire,

Puisque je ne puis t'embrasser en ce jour solennel, je veux, ayant repos aujourd'hui, me dédommager en causant un peu avec toi.

Je peux quelquefois vous donner de mes nouvelles, mais je suis dans l'impossibilité d'en recevoir de personne. Si nous sommes encore dans ces parages dans quelques jours, monsieur le marquis de Beaumont, qui est prévenu de notre présence ici, me fera passer mes lettres, s'il le peut, mais où serons-nous demain et jours suivants?

J'ai écrit hier à ta tante, et je lui disais que les cavaliers que j'avais dans ma grand'garde avaient fait feu sur ses éclaireurs Prussiens. L'ennemi fut attaqué, vers midi, par d'autres troupes, à notre gauche, La canonnade fut très vive au début, et nous marchâmes dans sa direction, mais le canon s'éloignait toujours, ce qui était de bon augure, et à 8 heures du soir, nous fîmes halte au Boulay, près Château-Renault.

Le résultat de l'affaire d'hier a été bon pour nos troupes. C'est près de Montoire qu'avait lieu le combat. Un témoin vient de dire que les Prussiens avaient perdu beaucoup de monde. Depuis ce matin, nous entendons le canon, mais loin.

Nous ne lisons pas les journaux, ne savons rien des événements, et je me garderai bien de te parler de certains bruits qui courent. Je me suis promis de me borner à vous dire d'où nous venons et où nous sommes. Ma position de simple commandant de Compagnie ne me met pas en rapport avec les états-majors, où l'on sait quelquefois quelque chose, et je reste avec mes hommes le plus possible.

La journée est belle, mais il fait bien froid; tout le monde est enrhumé, et je puis dire très fatigué de toujours marcher. Coucher dans un lit commence à devenir impossible.

Adieu, ma chère enfant, c'est toi que je charge d'embrasser pour moi ta mère, Guillaume et tout le monde à Bannes et à Bayac. Je t'embrasse bien tendrement.

A ma femme.

Château de Beaumont-La-Ronce, 4 janvier.

Ma chère Eugénie,

Voyant que nous ne faisions pas de sortie aujourd'hui, j'ai demandé la permission de venir dîner avec la famille de Beaumont que j'ai été bien heureux de revoir.

Je pensais trouver ici des lettres. Point.

Hier, nous sommes allés prendre position à Neuville. Pas le moindre Prussien; mais ils ne sont qu'à quelques kilomètres; tous les jours on leur prend des cavaliers.

Les combats de la semaine dernière ont tous été pour nous. La mobile du Lot a bien fait les choses, mais elle a souffert. On parle d'un commandant tué.

Le commandant de Chadois a aussi sous ses ordres, dans ce moment, au Boulay, ses mobiles de la Charente-Inférieure, un détachement de hussards, pour le service s'éclaircue, et deux petites pièces de campagne traînées par un mulet, mais nous n'avons pas de docteur. Monsieur Barraud resta dans les lignes Prussiennes, après les affaires d'Orléans, pour soigner nos nombreux blessés, et il n'a pas été remplacé, ce qui est une faute de plus et très grave.

On dit que Bourbaki a passé la Loire. Si c'était vrai! L'armée du Mans est très belle et très sérieuse.

Je rentre coucher sur ma paille, au Boulay, car d'un moment à l'autre nous ferons le coup de feu.

Le tabac devient rare.

Bien à vous.

Â ma femme.

Château de la Bugardière, près Le Mans, 6 Janvier.
Ma chère Eugénie;
Depuis avant-hier nous avons fait du chemin.

Je partis de Beaumont après dîner, vers 10 heures, par une nuit glaciale et en patache découverte. Cinq minutes après mon arrivée au Boulay, un cavalier y apporta l'ordre de partir immédiatement pour aller prendre le chemin de fer à Château-Renault, et nous rendre au Mans, où nous arrivâmes complètement glacés. Nous fûmes dirigés sur Changé sans nous arrêter, et dans la nuit, Visconti et moi reçûmes l'ordre d'aller, avec nos compagnies, à un poste avancé, au château de la Buzardière, appartenant à monsieur de Nicolaï, à 15 kilomètres du Mans. Nous y avons trouvé un escadron du 3ᵉ Chasseurs d'Afrique.

L'armée du Mans est belle, comme je vous le disais, et tout le monde est plein d'espoir. Une grande bataille ne peut tarder. Ici, nous avons plus de chances que dans les plaines de la Beauce; mais aussi a-t-on jamais vu un avocat et un ingénieur vouloir diriger des armées et donner des ordres à de bons généraux qui ont fait leurs preuves !

J'aurai ce soir un bon lit, chose agréable quand il y a plusieurs nuits qu'on couche sur la plume de six pieds.

Adieu, ma chère amie.

A ma femme.

D'une ambulance entre Changé et le Mans,
                    12 Janvier, 4 heures du matin.

Hier mercredi, bataille. Le 1ᵉʳ bataillon a vigoureusement

donné de 3 heures à 8 heures du soir. 1ᵉ Compagnie, très bien. Je n'ai pas une égratignure. Fusillade des plus vives et très rapprochée. Deux officiers tués. Résultat pas très grand, mais avons emporté et conservé bonne position.

Passons la nuit dans la neige, et attendons le point du jour pour attaquer.

A mon père.

———

Coulans, 13 Janvier, matin.

Hier matin, à 7 heures, le 2ᵉ bataillon a ouvert le feu. A 10 heures, à notre grand étonnement, ordre de cesser le feu et de faire par le flanc gauche. Toute l'armée se replie sur Laval. Nous avons traversé le Mans en très bon ordre. Les Prussiens ont dû y entrer à 2 heures.

Quelles fatigues depuis quelques jours!

Hier soir, en arrivant ici, à 9 heures, j'ai fait mon bien modeste repas sur la place de la ville avec quelques uns de mes hommes.

A plus tard les détails sur la bataille du 11. Nous allons partir; je vous embrasse tous.

À ma Sœur.

Au bivouac de Chassillé, sur la route du Mans à Laval,
14 Janvier, 6 heures du matin.

Ma chère Marie,

Avant-hier, j'ai écrit un petit mot à Eugénie
pour lui dire que nous avions donné à la bataille
du Mans, et que j'étais sain et sauf ; hier, j'ai encore écrit
à mon père, et je viens aujourd'hui, puisque j'en ai le
temps pendant qu'on fait le café, te donner des détails.

Lundi, 9, à 4 heures du matin, Visconti et moi quit-
tions notre poste de la Buzardière pour rejoindre le bataillon
à Changé. Nous revînmes au Mans, montâmes en
chemin de fer, et à midi, nous faisions notre entrée, par
une belle neige, à Château-du-Loir, où nous retrouvâmes
le général Desmaison, son état-major et le commandant
Bugeaud. L'amiral Jauréguiberry et notre 16ᵉ corps, dont
il est commandant, étaient venus là aussi.

Il y eut dans la journée de petits combats tout autour
de nous. Le lendemain, vers une heure, nous étions avec
l'amiral, en route pour revenir au Mans, et le 11, tout le
16ᵉ corps partit d'Ecommoy à 3 heures du matin. Nous
arrivâmes à Pontlieu, faubourg du Mans, à midi ; la

bataille était engagée depuis le matin. Nous sommes entrés en ligne à 3 heures, et avons tiré notre dernier coup de fusil à 8 heures du soir.

Le 1er bataillon a enlevé en arrivant, et pour ainsi dire au pas de course, une bonne position où nous avons passé la nuit. L'action a été très vive, je puis dire acharnée. Vers 6 heures du soir, il y eut un retour offensif de l'ennemi que nous repoussâmes à la baïonnette.

Un peu avant d'arriver sur le champ de bataille, nous rencontrâmes le général Desmaison, qui, par un excès de prudence exagéré, nous fit entrer dans un champ. Nous ne devions pas y rester longtemps ; le commandant de Chadois avait hâte de rétablir l'honneur de la mobile de la Dordogne un peu compromis, par erreur, dans l'esprit de l'amiral. Cette petite manœuvre changea la place de bataille de ma compagnie, et lui valut la bonne fortune d'occuper la position la plus importante de l'endroit où nous opérions, un carrefour, au centre et presque en avant, sur la route du Mans à Changé.

J'ai vu le premier les Prussiens opérant leur retour offensif, et ai donné le signal de la charge. Mes mobiles ont été superbes ; ils ont fait quelques prisonniers. Enfin, j'ai été très favorisé et admirablement servi par les circonstances.

Nous avons eu deux officiers tués; Dupuy, capitaine, et de Langlade, lieutenant et cousin de Béler. J'ai quelques hommes tués et plusieurs blessés. Chavagnac, de Bayac, a eu le bras traversé par une balle en chargeant à la baïonnette. Sa blessure n'est pas grave. Il s'est fait remarquer par son entrain et sa bravoure. Paul Rivière a une très légère blessure à la tête, une balle qui l'a égratigné. Marty et Orgueil sont très bien.

Pendant que nous étions vainqueurs au centre et partout, ses troupes, les mobilisés de Bretagne, lâchaient pied à notre droite, et laissaient prendre, à 6 heures du soir, la Tuilerie. La perte de cette position très importante et très près du Mans décidait du sort de la bataille. Comme on se battait sur une ligne de plus de 20 kilomètres, nous ignorions ce fait qui se passait à notre extrême droite, aussi, avons-nous été fort étonnés, le lendemain, en recevant l'ordre de battre en retraite; à ce moment, nous étions sur le point de prendre d'assaut une ferme à 300 mètres de nous.

L'armée fait sa retraite sur Laval et Alençon, en très bon ordre; la division Barry protège la retraite; c'est-à-dire qu'elle s'arrête dans de bonnes positions pour retarder la marche des Prussiens. Nous sommes ici depuis hier au soir, à 4 heures, dans ce but, et attendons ces messieurs d'un moment à l'autre.

Nous avons couché sur la route; la neige est épaisse, les repas peu abondants et surtout peu réglés; mais les hommes ne se plaignent pas.

Je t'écris au crayon pour ménager mon encre, et aussi parce qu'elle est gelée.

Une heure après que nous fûmes partis de la Buzardière, le château fut cerné par 200 Prussiens, 100 hommes à pied et 100 hommes à cheval. J'y avais laissé deux mobiles malades. L'un d'eux, le caporal Calès, de Montferrand, a pu s'échapper et nous rejoindre, mais l'autre, qui a la petite vérole, n'a pu se sauver. Il est de Born-des-Champs et s'appelle Coste.

Adieu, ma chère sœur, mes compliments bien affectueux à tout le monde, mais à tout le monde, entends-tu bien.

———

A ma femme.

—

Laval, 16 Janvier.

Ma chère Eugénie,

Deux mots en arrivant à Laval.

Avant-hier, j'écrivis à Marie, de Chassille, que nous attendions les Prussiens ; ils arrivèrent en effet, vers deux heures. Combat sans importance ; mais hier, bonne petite bataille à St Jean-sur-Erve. On s'est battu de 2 heures à 7 heures du soir. La canonnade était nourrie. Les trois bataillons ont donné. Quatre officiers blessés ; Du Pouget et Visconti à l'épaule, et messieurs Létard et Bouillac assez gravement, surtout ce dernier qui a plusieurs blessures. C'est 5000 hommes qui ont tenu l'armée Prussienne en respect. L'amiral a eu un cheval tué sous lui par un obus qui a tué aussi un colonel d'état-major. Il vient de passer en carriole dans la rue du faubourg où nous sommes en bataille, et a appelé le commandant de Chadois pour lui faire son compliment, et lui dire que sa mobile avait été magnifique hier. Il lui a annoncé qu'il était officier de la Légion d'honneur. Ce n'est pas volé, et il y a longtemps qu'il devrait l'être.

Je ne saurais vous dire ce que nous avons souffert cette nuit. Après le combat, nous avons repris la route de la retraite ; c'était la cinquième nuit de la semaine que nous passions en marchant, sans manger pour ainsi dire, et l'ennemi sur nos talons. L'avant-dernière nuit, j'étais d'arrière-garde, c'est-à-dire la dernière

compagnie de toute l'armée, j'ai même protégé le
génie dans ses travaux pour obstruer la route, mais
cette dernière nuit a été la plus terrible. Tout le monde
dormait en marchant; il n'y avait que les plus robustes
qui ne tombaient pas vaincus par la fatigue et le sommeil.

Je crois qu'on va défendre Laval.

Je vous écris d'un bureau de tabac où j'ai grand froid.

Nous avons retrouvé ici le commandant de Rattes
que nous avions laissé malade, à Rillé, le 26 décembre.

Je vous embrasse bien tendrement ainsi que les
enfants.

Plus tard, je vous dirai quelque chose.

A mon père.

St Berthevin, près Laval, route de Rennes, 18 Janvier.
Mon cher père,

Après être resté deux jours en position à l'entrée du
faubourg, sans voir arriver l'ennemi, hier, nous avons
traversé Laval et pris la route de Rennes.

Je croyais bien que nous allions recommencer; nous
étions prêts. Chanzy et l'amiral étaient avec nous. On
a lancé quelques obus, au jugé, comme une invite, et

point de réponse. Ils étaient là cependant, à très petite distance, sans les bois.

Nous sommes à 5 kilomètres de Laval, sur la rive droite de la Mayenne qui offre une jolie défense.

Adieu, mon cher père, je ne puis vous écrire plus longuement ; respectueusement à vous.

A ma fille.

La Croix-des-Landes, près Laval, 20 Janvier.
Ma chère enfant,

Nous n'avons pas continué notre marche sur Rennes, au contraire, nous sommes revenus un peu sur nos pas, plus près de Laval, et nous attendons l'ennemi qui doit opérer quelque mouvement tournant, car voilà trois jours qu'il a interrompu sa course.

La Mayenne est un beau pays pour la défense. Chaque champ est clos de haies très épaisses et de murs en terre.

Nous avons éprouvé de grandes fatigues la semaine dernière, mais deux nuits passées dans un bon lit m'ont remis tout à fait.

Dans la lettre que j'écrivis à ta mère, le 16, je lui

disais en post-scriptum, que plus tard je lui ferai part de quelque chose. Voici le mystère: je suis proposé pour la croix, et les propositions sont parties hier.

C'est à toi que je veux l'annoncer, et c'est toi que je charge d'apprendre cette nouvelle à la famille.

J'ai proposé pour la médaille militaire Chavagnac et Valette, mon ancien sergent-major.

Adieu, ma chère petite Claire, reçois la nouvelle assurance de ma tendre affection.

À Élie de Sens.

La Croix-des-Landes, 20 Janvier.

Mon cher Élie,

Tu dois savoir ce que nous avons fait ce mois-ci.

Je ne te parlerai donc pas de la bataille du Mans ni de l'affaire de St Jean. Le but principal de ma lettre est de t'apprendre qu'à la bataille du Mans j'ai été proposé pour la décoration. J'aurais préféré avoir le ruban avant de te l'annoncer; mais comme ces choses se font attendre quelquefois, exemple, le commandant de Chadois qui n'est officier que depuis quelques jours, et les autres propositions de Coulmiers qui sont encore sans effet, je te le dis tout de suite.

Tous les matins, au point du jour, nous sommes en position, et les Prussiens se font attendre.

Ces trois ou quatre jours de repos nous ont bien remis, mais dans quel état de malpropreté sommes-nous ! Le commandant dit que c'est une noble saleté.

J'ai appris que le général Catareau avait, lui aussi, été remercié. J'ai pensé que ces messieurs du ministère de la guerre trouvaient qu'il ne faisait pas assez de discours.

Je viens d'écrire à Claire, aussi n'ai-je que le temps de te dire adieu, en te priant de donner une accolade pour moi à Elia et à Georges ; tout à toi.

Une remarque. — A Tours, à Blois et partout, avant les batailles, on voyait de nombreux francs-tireurs avec des clairons superbes, et maintenant, on n'en voit presque pas.

— 94. —

A ma femme.

La Croix-des-Landes, 22 Janvier.

Ma chère Eugénie,

Rien de changé. Nous avons crénelé les maisons du hameau, et, avant le jour, chaque Compagnie se rend à la place qui lui est assignée. Les Prussiens ne bougent pas.

Je ne sais si je vous ai dit que nous avons un aumônier. Ce matin, il a dit la messe en plein air, dans une immense carrière. J'y assistais, et grande a été ma surprise en y voyant madame de Nattes et Jules de Larigaudie. J'ai été retenu à dîner par le commandant de Nattes, et très heureux de compléter la connaissance de madame de Nattes qui est une femme fort aimable. Je vous assure que son voyage a été accidenté et pénible. Elle a, enfin, trouvé notre régiment, mais le général Chanzy ne lui a donné la permission que de rester deux jours.

Sans plus aujourd'hui, vu l'heure avancée et ma mauvaise installation; j'écris sur mes genoux; bien à vous.

À ma Sœur.

———

Laval, le 25 Janvier.

Ma chère Marie,

On ne sait rien de bien clair sur les manœuvres de l'ennemi. On dit qu'il se replie en masse sur Paris. Ce qu'il y a de bien sûr maintenant, c'est que nous ne serons pas attaqués dans nos positions.

Je suis venu à Laval pour voir le coiffeur, et faire un vrai déjeuner à l'hôtel de France, avec des serviettes.

Nous sommes à 3 kilomètres de Laval et on ne peut plus mal. Je loge avec un vieux camarade dans un taudis, où nous n'avons pas la moindre compensation, pas même celle qu'on désire le plus en campagne, ne raille pas, manger d'une manière satisfaisante. Les œufs et les haricots sont très rares; je viens d'acheter une morue, et à cette occasion, je me propose de faire des invitations. Tant il est vrai qu'on désire toujours ce qu'on n'a pas.

Ma santé se maintient excellente, mais l'effectif de ma compagnie diminue tous les jours. Je n'ai que 32 hommes.

Monsieur de Chassis vient d'être nommé Colonel,

par exception, pour pouvoir lui donner le commandement de la brigade en remplacement du général Desmaison. C'est un grand honneur pour le régiment. Il a
sous ses ordres le 31e de marche, le 36e de marche, le 8e
bataillon de marche de chasseurs à pied et nous, le 22e
de mobiles. Monsieur de Nattes commande le régiment, et c'est mon compagnon, le capitaine Monveroy qui
va commander, provisoirement, le 1er bataillon.

Il me tarde de connaître la destination d'Emmanuel;
j'attends une lettre de lui. Que je regrette qu'il n'ait pas été
avec nous où sa place était marquée!

Adieu, ma chère Marie, mes bons souvenirs à monsieur de Gassendi; je t'embrasse ainsi que mon père.

J'écrirai prochainement à Montbrun.

A mon père.

La Croix-des-Landes, 29 Janvier.

Mon cher père,

Je viens de recevoir votre lettre et celles d'Eugénie et
de Marie du 24.

J'étais impatient de savoir si mes lettres vous étaient parvenues.

J'avais bien raison de craindre que vous fussiez quelques jours sans nouvelles; et vous saviez que nous avions sonné! Enfin, tout s'est arrangé pour le mieux.

Je suis très touché de la sympathie qu'on me témoigne à Beaumont. J'y ai écrit plusieurs lettres cette semaine.

Je vais mettre ce soir au chemin de fer un colis contenant la lame de sabre d'un Prussien que j'eus le plaisir de désarmer au Mans, et un portefeuille qui fut pris le même jour, par un de mes hommes, sans un sac allemand. Le portefeuille est pour ma sœur et le sabre pour Montbrun.

Madame de Nattes aurait bien voulu emporter quelque chose, mais personne n'avait rien de nos dernières affaires, et moi, n'ayant que ces deux objets, qui avaient déjà leur destination, je n'ai pu, à mon grand regret, lui rien offrir.

Nous sommes toujours sur nos hauteurs, mais on vient de dire que nous partions demain pour le Nord du département. Nous avons revue du colonel à 3 heures, s'il y a quelque chose de nouveau je l'ajouterai au bas de ma lettre.

Personne n'a de nouvelles de Capinade; il n'a pas assisté

aux affaires d'Orléans, et je le croyais à Périgueux avec les fuyards.

Je savais qu'Emmanuel et son bataillon sont à Chateauroux.

Nous venons d'apprendre par un ordre du régiment que le commandant Tocque est mort en Périgord, par suite des fatigues essuyées pendant la campagne. Cet excellent officier était hautement estimé de tout le monde, aussi laisse-t-il un grand vide dans la mobile de la Dordogne.

Je tiens à n'être oublié auprès de personne au château ; adieu, mon cher père, recevez la nouvelle assurance de mon respectueux attachement.

P. S. — Nous partons demain matin pour reprendre l'offensive. Le colonel de Chadois a été très content de la revue.

À ma cousine de Losse.

———

La Croix-des-Landes, 31 janvier.

Ma chère Joséphine,

Il y a bien longtemps que vous ne m'avez donné

de vos nouvelles ; j'en ai cependant, par les lettres que je reçois, et qui presque toutes me parlent de Bayac. De mon côté, je recommande bien à Montbrun et à Bannes qu'on vous fasse part de mes lettres dès leur arrivée.

On me dit que vous êtes très bien et que vous allez souvent à Lanquais. Ces nouvelles me font grand plaisir.

Voilà donc la guerre suspendue, sinon terminée. Nommez de bons députés.

Nous sommes toujours dans notre hameau avec la perspective d'y rester les 21 jours, ce qui n'est pas gai, car nous sommes fort mal. Un capitaine et moi occupons une petite chambre malpropre, qui nous sert de cuisine et de salle à manger. Nous y dormons aussi, chacun sur notre paillasse, et nous y faisons notre toilette dans un saladier qui nous sert également à tremper la soupe. Un peu plus de comfort nous serait cependant nécessaire, car après tant de fatigues nous sommes un peu éraillés, et comme bouquet, je vous dirai que mon excellent camarade, le capitaine Monreny, ronfle comme une toupie d'Allemagne. C'est du reste son plus grand défaut.

Monsieur Dereix, capitaine au 3ᵉ bataillon, vient d'être nommé commandant du 1ᵉʳ bataillon.

J'irais bien volontiers faire une petite tournée en Bretagne, d'où nous ne sommes qu'à quelques heures, mais il ne faut pas penser à demander une permission.

Je n'ai pas rencontré votre frère Henry ; je vous fais compliment de son avancement.

Adieu, ma chère cousine, veuillez offrir mes souvenirs respectueux et affectueux à mon oncle, à ma tante et à Henry, et croyez-moi tout bien à vous.

J'ai dîné hier chez le colonel de Chavois, à S' Berthevin. Excellent dîner, civet de lièvre, côtelettes soubise, etc, etc. C'est si rare par ici, un dîner.

———

A mon père.

———

La Croix-des-Landes, 4 février.

Mon cher père,

Les élections ayant été décidées très vite, et nous trouvant dans l'impossibilité de nous mettre en rapport avec le comité de Périgueux, comme au régiment nous tenons beaucoup à ce que monsieur de Chavois

soit député, je viens de faire passer, au nom du
22ᵉ de mobiles, plusieurs dépêches dans le département
de la Dordogne, pour prier les électeurs de ne pas oublier
notre colonel.

Il eut été bien préférable que cette démarche fut
faite par monsieur de la Panouse. Hier, j'écrivis un
petit mot à son fils pour lui faire part de mon idée
et le prier de télégraphier à son père; c'est le Colonel
qui m'a répondu, et immédiatement je me suis mis
à l'œuvre.

Ce n'est pas seulement une dette de reconnaissance
que les mobiles de la Dordogne demandent au départe-
tement de payer à leur brave, bon et digne chef; il
est très compétent pour tout ce qui touche à l'armée, et il
doit avoir sa place à l'assemblée nationale.

Rien de nouveau.

Adieu, mon cher père, compliments et souvenirs
autour de vous; je vous embrasse.

A ma fille.
La Croix des Landes, 7 février.

Ma chère petite Claire,
Ta lettre d'hier m'a fait grand plaisir, aussi tu

vois que ma réponse ne se fait pas attendre.

Je suis resté une semaine sans recevoir une seule lettre; enfin hier, j'en ai reçu plusieurs; une de monsieur le curé de Bayac, une de mon ancien sergent-major Valette, qui ayant pu s'évader est à Lesparre et dont la blessure va bien, et une de mademoiselle de Godlewska qui me demande des nouvelles de son frère, qui fut fait prisonnier dans cette si pénible nuit du 15 au 16 Janvier, où ceux qui marchaient encore dormaient en marchant.

Je ne comprends pas que vous me laissiez une semaine sans nouvelles. Tu sauras que quand on est éloigné depuis longtemps de son pays et des siens on ne peut trop recevoir de lettres.

Ma santé est parfaite, mais les traces de la variole n'ont pas tout à fait disparu, et mon nez aura toujours quelques trous pour en conserver le souvenir.

J'espère bien que ta mère ne fera pas la folie de se déranger pour venir me voir n'importe où. Si elle voyait madame de Nattes elle saurait si ces voyages sont agréables. Il est impossible à quelqu'un qui n'est pas dans l'armée, d'arriver à Laval autrement qu'en patache ou à pied.

Ce que tu me dis de Guillaume m'enchante.

Adieu, ma chère enfant, embrasse pour moi ta mère et ton frère.

———

A ma femme.

———

La Croix-des-Landes, 10 février, soir.

Ma chère Eugénie,

Voilà bien des jours que je n'ai causé avec vous. Je vous écris quelques mots avant de m'étendre sur ma toile, car demain matin je dois aller à Laval chercher mes dépêches, qui me confirmeront, sans nul doute, l'élection de monsieur de Chadois, que celles d'hier m'annonçaient comme presque sûre, et puis me rendre au tir, ce qui prendra toute ma journée. Je vous dirai que nous sommes assez occupés; tantôt revue du général de division, puis de l'intendant; exercice tous les jours, rondes de nuit et de jour, et je suis seul officier dans ma compagnie. Mon lieutenant, Laramière, est allé se soigner à Bergerac, et mon sous-lieutenant, Godlewski, est prisonnier.

Nous sommes toujours dans notre bouge environnés

d'une bone affreuse, et Mourreny ronfle de plus en plus fort.

Quand ma lettre vous arrivera on ne parlera déjà plus des élections. Ici, nous avons porté le commandant de Nattes, qui, je l'espère, remplacera M. Thiers. Notre colonel est très satisfait, quoique le 4e bataillon lui ait fait un peu défaut.

Le commandant de Nattes présidait le bureau des élections.

Adieu, ma chère Eugénie ; je vous embrasse.

P. S. Samedi matin, 11 février.

Au point du jour, l'ordre de départ pour Angers est arrivé. Nous partons à 11 heures. Rien de changé pour l'adresse.

———————

A ma Sœur.

————

Manoir de St Ouen, près Château-Gontier,
12 février, soir

Ma chère Marie.

J'ai écrit hier matin à Eugénie ; et je lui annonçais notre départ immédiat pour Angers. J'ai appris depuis que nous allions plus loin. Il y a plusieurs versions ; on parle d'envoyer à Bordeaux auprès de l'Assemblée toute la division Barry, mais la vraie, je crois, est celle qui nous fait aller à Poitiers, que l'Assemblée s'y réunisse ou non, attendre derrière la Vienne une paix probable.

Le colonel a reçu hier sa nomination officielle. Nous étions en route ; il nous a quittés aussitôt pour se rendre à Bordeaux. Il avait du regret de se séparer de nous, mais il paraissait heureux de son beau succès, et il avait bien raison.

Il est fort désagréable de faire route avec une colonne de plusieurs mille hommes. En arrivant au gîte, il faut se battre pour loger ses hommes et soi-même, sans compter les temps d'arrêt inévitables qui sont très fatigants. Aujourd'hui, nous sommes très bien dans un joli petit château Renaissance. Il arrive à l'instant, pendant que j'écris, une grande voiture remplie de ces messieurs de l'ambulance ; ils voudraient nous déloger, mais le couvert est mis, et ce ne sera pas facile. J'entends une vive discussion qui s'engage et Béler qui commence un discours.

Adieu, ma chère Marie ; j'écrirai comme toujours

de temps en temps, pour vous dire où nous sommes et où nous allons, si je le sais; amitiés et respects à qui de droit.

A G. du Chaylard.

Moncontour, 18 février.

Mon cher Georges,

Nous avons pris les allures du Juif errant. Traverser les départements est devenu un jeu pour nous. Après avoir parcouru la Mayenne, le Maine-et-Loire et les Deux-Sèvres, nous voilà dans la Vienne, à Moncontour.

C'est notre premier jour de repos. Il était bien temps, car avec de fréquentes étapes de 25 kilomètres et souvent sans le nécessaire, nos hommes n'en pouvaient plus.

Nous allons bien dans la direction de Poitiers, mais nous ne savons pas au juste où nous nous arrêterons. Voilà qu'on parle aussi de nous envoyer en Afrique.

Le temps est très beau fort heureusement, et la Vendée un pays joli et agréable qui nous rappelle le Périgord. Moncontour est dans une position charmante.

Je vous prie de me donner des nouvelles d'un brave soldat, moins connu que Coligny, mais pour lequel j'ai une grande sympathie. Ce guerrier est un modeste mobile de ma compagnie, du nom de Chavagnac. Il est né à Bayac et habite la commune de Vicq. Il fut blessé au bras, à la bataille du Mans, et depuis je n'ai pas entendu parler de lui. Veuillez, je vous prie, faire prendre des informations, et lui annoncer qu'il est proposé pour la médaille militaire.

Pour ne pas vous laisser prendre l'habitude de flâner, nous avons revue à trois heures; je vous quitte donc en vous disant que je me porte bien et que je désire que la présente vous trouve de même. Amitiés à Élie et à Élia.

—————————

À ma femme.

————

Chatellerault, 21 février (mardi gras)

Ma chère Eugénie,

Hier, à quelques kilomètres de Poitiers, à Neuville, nous avons fait par file à gauche, et sommes arrivés ici où nous allons attendre la solution de la grande question.

Je pars pour le Château Le Jou, chez Arthur de Campagne ; j'y vais dîner.

J'ai vu hier Guy de St. Exupéry qui m'a donné de bonnes nouvelles de mon colis.

Pas de lettres depuis mon départ de Laval, mais je n'accuse personne. Je viens d'apprendre que le Vague-mestre de la division est arrivé.

Notre docteur Barraud est revenu hier.

Quand vous verrez Antoine, meunier à Bannes, vous lui direz que son neveu Gauville va bien, mais qu'il n'est pas content de lui parcequ'il ne lui a pas répondu. Son autre neveu, Calvès, a suivi le colonel à Bordeaux. En voilà un que la campagne n'a pas maigri.

Tout bien à vous.

A. mon père.

——

Près Chatellerault, 3 février.

Mon cher père.

Nous sommes à 4 Kilomètres de Chatellerault, en position derrière la Vienne. Le Génie travaille, l'artillerie se promène et installe ses batteries, mais je pense que tout cela ne servira pas. Si

pénible que soit la signature de paix, monsieur
Thiers doit être convaincu qu'il est impossible de
continuer la guerre, et que monsieur Gambetta,
avec sa guerre à outrance, est un mauvais farceur
pour qui la guerre n'est qu'un moyen de prolonger
sa dictature. Si ce grand avocat était sincère, il
reconnaîtrait qu'entre une armée improvisée comme
la nôtre et une armée organisée comme l'armée
prussienne, la lutte est trop inégale. Il reconnaîtrait
aussi que ces braves jeunes gens sans instruction
militaire ont fait leurs preuves de patriotisme et donné
tout ce qu'ils avaient de forces. Ah! si quand ces
messieurs étaient à la chambre ils avaient laissé
faire le maréchal Niel nous n'en serions pas là.

J'ai enfin reçu mon courrier. J'avais des lettres de
plusieurs de mes parents et amis, Judith de Sary et
Béton entre autres, qui ont bien voulu m'écrire des
choses aimables. J'en avais aussi une de Marie de Paris.

À l'avenir, mes lettres seront plus courtes, car je
n'aurai guère de détails intéressants à vous donner.

Visconti est rentré bien parfaitement guéri de sa
blessure.

Adieu, mon cher père, recevez la nouvelle assurance de mon bon attachement.

A ma fille.

Près Chatellerault, 1er Mars.

Ma chère Claire,

Rien de nouveau depuis ma dernière lettre. Je ne
veux cependant pas que vous restiez plus de huit
jours sans lire mon écriture, et c'est à toi que j'adresse ces deux mots.

Hier, la division a fait demander d'urgence les
propositions pour la Légion d'honneur. Je ne serai
certainement pas des premières nominations et j'entre-
vois même que je pourrais bien attendre quelque temps.

Je crois avoir écrit que nous n'étions pas bien
dans notre cantonnement. Je vais te faire un petit
tableau de notre installation.

Figure-toi, ma chère petite amie, une chambre
de ferme où il y a trois lits, et où six officiers écrivent,
mangent, dorment et font leur toilette et leur cuisine,
et où la famille du fermier, composée de neuf membres,
grands ou petits, fait ce que nous faisons, moins les écritures.

Deux choses nous sauvent, le temps qui est superbe et la proximité de Chatellerault, où nous allons souvent. Tous les matins, j'y vais avec ma carriole pour les provisions ; je te dirai même, à ce sujet que je suis devenu très fort, et qu'on dit que c'est moi qui fais les meilleurs menus et à meilleur marché. Le soir, je vais faire le whist chez Monsieur de Nattes, qui vient d'être nommé lieutenant colonel.

Tu diras à Henry que le commandant Duchâtel est ici.

Adieu, ma chère enfant, je t'embrasse ainsi que ta mère et Guillaume.

A ma Sœur.

Les Ormes, 10 mars.

Ma chère Marie,

Nous avons fait ce matin un mouvement vers Tours qui donne quelque créance à un bruit qui circule, et d'après lequel nous irions à Paris avec la mobile de la Sarthe. Ce serait la manière de voir du général Barry, qui voudrait former une brigade avec ces deux régiments.

Tu dois connaître les détails de mon voyage à St.
Sulpice-Laurière. Il y a quelques jours, Beauroyre,
qui avait été blessé à Orléans, revint au régiment et me
dit qu'Emmanuel était à St. Sulpice avec son bataillon,
et qu'il l'avait vu. J'allai vite demander une permission; je ne pus l'obtenir que de 48 heures. Je trouvai Marie
et Emmanuel très bien portants. J'emmenai avec moi
Abel Delpit que nous avons gardé deux jours.

J'ai confié un chien à Emmanuel et à son escorte;
j'espère qu'il fera son voyage sans malencontre, et je te
demande une caresse pour lui.

Le village des Ormes est joli; nous sommes à peine
arrivés, aussi ne puis-je t'en parler longuement. Nous
nous promettons de nous dédommager de notre affreuse
ferme que nous venons de quitter. La Vienne passe ici,
et les amateurs de la pêche à la ligne sont déjà à
leurs pièces.

Godlewski, qui était prisonnier, est arrivé hier.

Amitiés à tout le monde.

À ma femme.

Les Ormes, 14 Mars.

Ma chère Eugénie,

On ne parle plus de notre départ pour Paris, et j'ai des raisons pour croire qu'on ne tardera pas à renvoyer aux champs tous les mobiles.

Une circonstance, à propos de logement, m'a valu une gracieuseté de la part de monsieur d'Argenson, qui a mis à ma disposition un pavillon dépendant du château. Ce pavillon est charmant, isolé, entouré de grands arbres et sur le bord de la Vienne. Mes croisées donnent au levant, et tous les matins les rayons du soleil viennent me dire que le printemps s'avance.

Nous sommes tous admirablement; le parc du château à notre disposition, une excellente petite auberge, avec du saumon et des lamproies à tous les repas, enfin, un séjour merveilleux qui clôturera, selon toute apparence, notre campagne comme nous l'avons commencée dans nos cantonnements, près de Tours.

Je vous envoie des violettes cueillies près de mon pavillon.

Adieu, ma chère amie, je n'oublie personne.

— 114. —

A ma femme.

———

Les Ormes, 15 Mars.

Ma chère Eugénie,

Je viens vous annoncer que notre départ pour nos foyers est très prochain. Nous nous arrêterons un jour à Châtellerault pour déposer nos armes et objets de campement.

Dès que l'itinéraire sera connu, je vous l'enverrai et vous dirai l'heure à laquelle j'arriverai à Montbrun avec ma compagnie que je veux conduire jusqu'à Beaumont. Je dois vous dire que le colonel de Chabois l'aimait et l'appréciait, cette compagnie; et qu'elle était désignée plus souvent qu'à son tour pour être d'avant-garde quand la situation était critique; aussi j'en suis un peu fier.

A bientôt donc, je vous embrasse ainsi que les enfants.

———————————————————

A ma fille.

———

Les Ormes, 17 mars, 6 heures du matin.

Ma chère petite Claire;

Dans une heure, nous mettrons le cap sur Périgueux et Bergerac, où nous arriverons le 23. Ci-contre l'itinéraire.

C'est à patte que nous faisons la route.

Les mobiles du 1er bataillon feront leur entrée à Bergerac le 28, avec le Colonel de Chadois ; je pense que ce jour-là on lui offrira son sabre d'honneur.

Comme nous faisons séjour à Angoulême, vous pourriez m'y écrire si vous avez quelque chose à me dire.

Je te quitte pour aller manger la soupe à l'oignon.

Je t'embrasse bien

Itinéraire 17 mars coucher à Thuré.

18	Chatellerault.
19	Poitiers.
20	Coubé.
21	Ruffec.
22	Manole.
23 et 24	Angoulême.
25	Mareuil.
26	Ribérac.
27	Mussidan.
28	Bergerac.

A mon père).

Ruffec, 12 mars.

Mon cher père,

Vous devez savoir que nous sommes en route pour le Périgord et que nous arriverons à Bergerac le 28. J'y coucherai pour en repartir le lendemain avec ma Compagnie. Elle n'est pas nombreuse, 40 hommes au plus, mais ceux-là sont les très-bons.

Je vous prie d'annoncer son arrivée à Beaumont pour le 29, à 2 heures.

A cause d'une colonne d'infanterie qui suit la même route que nous, au lieu de faire séjour à Angoulême, nous le faisons ici. Le temps est beau mais chaud, et les étapes sont fortes.

Nous nous préoccupons fort peu des troubles de Paris. Ces bons et honnêtes bourgeois de Paris, si insouciants les jours de scrutin et que les barricades amusent, reconnaîtront peut-être leurs torts et sortiront de leur indolence. qu'ils défendent au moins leur peau et leur maison.

Le général Barry avait raison de vouloir envoyer à Paris une brigade formée avec les mobiles de la Sarthe et de la Dordogne; ils n'auraient pas levé la crosse en l'air.

Respectueusement à vous.

A ma femme.

——

Angoulême, 24 Mars.

Ma chère Eugénie,

Cette lettre sera probablement la dernière.

Le Colonel de Chadois a écrit qu'il lui était impossible de quitter Versailles, et notre lieutenant-colonel m'a dit qu'il me donnait le commandement des compagnies qui doivent faire leur entrée à Bergerac, où nous arriverons vers 11 heures, et où j'espère vous trouver.

Je dois vous prévenir que le 29, je partirai de Bergerac à pied avec ma compagnie, et que nous ferons la grand'halte à Montbrun, c'est-à-dire que nous y déjeunerons tous. Prenez donc vos mesures pour recevoir 40 mobiles environ et 24 sapeurs-pompiers, car je viens d'être informé que ces bons pompiers voulaient venir à la rencontre de leur lieutenant, près de Couze, et naturellement, mobiles et pompiers feront la Grand'halte.

Nous serons à Montbrun avant 10 heures ; 23 kilomètres sont peu de chose pour des hommes qui marchent comme des lièvres.

Attendez-vous à me trouver blanchi, maigre et basané ; je vous préviens pour que vous puissiez me me reconnaître, mais j'ajoute que ma santé est meilleure que jamais

Le Colonel de Nattes vient de réunir tous les officiers pour leur communiquer une dépêche du Préfet de la Dordogne, lui demandant de former un corps de volontaires pour aller au secours des Parisiens. Les choses prennent une mauvaise tournure à Paris, et deviennent tout à fait sérieuses.

Je pense voir Janrias et Marguerite en passant à Mareuil.

A mardi donc, ma chère amie, tout à vous.

———

Assemblée
nationale.
———
A monsieur le Commandant
du 1ᵉʳ bataillon du 22ᵉ de mobiles
de la Dordogne
à Bergerac.

Mon cher Capitaine,
J'écris à de Nattes pour faire mes adieux

au régiment, mais en cas que vous soyez déjà partis pour Bergerac, je vous adresse l'ordre ci-joint :

Dites bien à tous combien je regrette de ne pas être avec vous au moment où vous allez vous séparer, mais mon poste est à Versailles en ces moments désolants.

On va former un bataillon de volontaires.

Je voudrais bien que les officiers vinssent en grande partie du 22e. – Envoyez-moi les noms de ceux qui voudraient y entrer.

Recevez pour vous tous mes éloges pour le dévouement et le courage dont vous avez fait preuve à la tête du 1er bataillon.

Adieu, mon cher Capitaine, mes amitiés les plus vives à tous. Je m'emploierai de toutes mes forces pour faire obtenir à chacun la récompense à laquelle il a droit

Je serais bien aise d'avoir l'adresse de tous les Officiers

Votre affectionnément dévoué.

P. de Chadois.

Versailles, 26 Mars 1871.

Ordre du jour.

Mobiles,

Je ne puis quitter mon poste, et c'est pour moi une véritable douleur de ne pas être avec vous au moment du licenciement de notre cher régiment.

J'aurais tant voulu vous serrer la main et vous remercier une dernière fois de votre belle conduite pendant la campagne ! Mais, je l'espère, nous ne nous oublierons pas, et désormais les liens qui nous unissent tous sont indissolubles.

Rentrez dans vos familles fiers de ce que vous avez fait, fiers d'avoir noblement versé votre sang pour la France. Apportez dans vos cantons votre ardent patriotisme, attisez autour de vous la haine implacable que nous vouons tous à notre ennemi.

Maudissez les citoyens indignes d'être Français qui compromettent l'avenir de notre pays, et

soyez prêts à soutenir la sainte cause de l'ordre
et de la civilisation.

Adieu, mes chers mobiles, comptez sur mon
affection, sur mon dévouement absolu, et rappelez-
vous toujours que vous avez fait partie du 22e
régiment.

Versailles, 26 Mars 1871

Le Colonel du 22e de mobiles

Député de la Dordogne

P. de Chadois.

Au colonel de Chadois
Député de la Dordogne
à Versailles.

Montbrun, 30 Mars 1871.

Mon Colonel,

J'ai l'honneur de vous rendre compte de
l'entrée à Bergerac des compagnies du 1er
bataillon qui devaient y être licenciées.

A Angoulème, je fus informé par le lieu-
tenant.Colonel de Rattes, que j'aurais l'honneur

de commander le détachement qui se rendait à Bergerac, et que je prendrais la direction de la colonne à Mareuil.

A Mussidan, je fis observer aux mobiles combien il serait fâcheux de ne pas arriver à Bergerac en nombre convenable, et je fis appel à leurs sentiments en les priant de modérer leur impatience : je m'adressais principalement aux hommes de Bergerac.

Mon avis fut écouté, et le 28, la colonne partait pour Bergerac en bon ordre et gaiement. Le soleil était radieux.

La grand'halte était au Pas-de-L'Eyraud. Là déjà, de nombreux parents et amis.

A six kilomètres de Bergerac, nous rencontrâmes la garde nationale avec la musique de la ville. Je fis faire halte, et m'avançai pour saluer le commandant et le remercier; nous reprîmes notre marche, la garde nationale formant la haie.

La route se remplissait de plus en plus de personnes à pied et en voiture désireuses de revoir le bataillon qui s'était formé sous leurs yeux.

A deux kilomètres de la ville, nous trouvâmes

le conseil municipal ; un des adjoints nous adressa des paroles touchantes, aux quelles je répondis, mais en exprimant le regret que vous ne fussiez pas là, pour dire d'une voix plus autorisée que la mienne, ce qu'a fait le 1ᵉʳ bataillon, le bataillon de Bergerac.

Je montais votre jument de Coulmiers, ayant à mes côtés les capitaines adjudants-majors de Beauroyre et de La Panouse ; celui-ci était venu nous joindre et m'avait remis votre ordre du jour.

Nous arrivâmes à Bergerac. L'affluence était grande. Pas d'arcs-de-triomphe ni de couronnes, mais un empressement muet et sympathique qui disait avec quelle joie la ville saluait ces braves jeunes gens victorieux, mais la France vaincue.

Impossible de ne pas être ému.

J'avais fait informer le commandant de la garde-nationale que nous allions nous former sur le Jardin-public, et je l'avais prié de se ranger en bataille près du Palais de justice, pour que nous puissions défiler devant son bataillon, ce qui fut fait.

Au Jardin-public, je fis former le cercle, donnai lecture de votre ordre du jour qui fut accueilli par de chaleureux bravos, j'adressai quelques mots d'adieu à ces excellents mobiles, et, avant de faire rompre, je portai deux vivats, l'un à la ville de Bergerac et l'autre à notre bon et cher colonel.

Le lendemain, 29, je partais pour Beaumont avec 34 hommes de ma compagnie.

Voilà, mon colonel, le récit exact de notre entrée à Bergerac; qu'il est fort regrettable pour tout le monde que vous n'ayez pas présidé.

Veuillez agréer, je vous prie, mon colonel, l'expression des sentiments très-distingués et respectueux de votre subordonné.

Ch. de Losse

Capitaine de la 1ᵉ Compⁱᵉ du 1ᵉʳ Bᵒⁿ

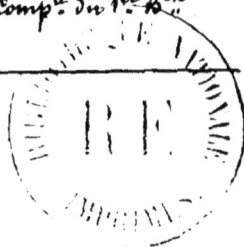